おぶう

東日本大震災があった日のことだ。黄昏時《たそがれ》、優美《ゆみ》さんが東京下町の自宅マンションに戻ってくると、見知らぬ老女が建物の出入口にうずくまっていた。

優美さんは介護士だ。夜勤明けで寝ていたら地震に遭い、急いで小学校へ娘を迎えにいったついでに、近所の商店街で買い物をしてきたところだった。

食料品や日用品で膨らんだエコバッグを片手に提げ、もう一方の手には初めての大きな地震に怯えきった娘がすがりついている。一刻も早く家に帰りたかった。

しかし、老女は膝を抱えてタイル張りの床に座り込んでいる。皺《しわ》に覆われた手の甲や全身の佇まいから推して、相当なお年寄りだ。このままでは体が冷えてしまうだろう。

心配だ。これは捨て置けないと思った。

「おばあちゃん、どうしたの？」

老女はしゃがんだまま優美さんを振り仰いだ。途方に暮れた面持ちである。

「デイサービスから帰ってきたらエレベーターが動かないの。階段は、足が痛くて……」

家は何階なのか訊ねたところ、五階だという答え。優美さんたちは四階に住んでいる。同じマンションの住民。しかも、そのデイサービスを提供した所は、勤務先の施設である可能性が高かった。近場の老人福祉施設といえば、そこしかないのだから。

一度もこの人を見かけたことがないのは不思議だけれど、ここで出逢ったのも何かの縁。娘に荷物を持たせて、手助けしながら老女を立たせた。

老女は骨と皮ばかりに痩せこけており、腰が「くの字」に曲がっていた。

「背中におんぶして五階まで連れていってあげるから、私の肩につかまって」

「悪いねぇ。本当にいいんですか」

「こういうときは、お互いさま。私、介護士だから慣れているんですよ。さあ、どうぞ」

背中を向けて腰を屈めると、肉が落ちて骨ばかりになった両手で肩にしがみつき、体重を預けてきた。

……やけに重い。

仕事柄、お年寄りを背負うこともあるが、こんなにも重い人は初めてだ。

じわりと厭な違和感を覚え、鳥肌が立った。背負っているものを投げ出したい衝動に駆られた。が、そのとき娘に「おかあさん」と呼ばれてハッとした。

娘が見ている。子どもの手前、老人を無碍《むげ》に扱うわけにはいかない。

「先に上がって、うらの前で待ってなさい」と娘を促し、慎重に歩きだした。

やがて階段に差し掛かり、一段一段踏みしめて上りはじめると、たちまち大粒の汗が顔から噴き出してきた。脚の筋肉が千切れそうだ。

ずっしりと重い。重すぎる。

こんなときに余震でひと揺れしたら、たまったものではない。

早く自由になりたい一心で、必死で五階を目指した。

息が上がり、ようやく目的地に辿りついて老女を下ろしたときには、床にへたり込みそうになった。「ありがとう」と、言われても、すぐには返事も出来ない。

壁につかまって呼吸を整えながら、あらためて老女を観察した。

小柄で痩せた、普通のおばあさんだ。

腰がひどく曲がっているけれど、それ以外に変わった点は見当たらない。暖かそうなセーターにダウンベストといった服装も、ごくありふれている。

「本当に、なんと御礼を申し上げたらよいか……」

目に涙まで浮かべて感謝している、そのようす。

ただの善良なお年寄り以外の何者でもない、ではないか？

異様に重すぎると感じたのは、寝不足で過労気味なせいかも……。

優美さんは、そう考えて、自分を納得させようとした。

疲れると変な妄想にとらわれやすくなるものだ。おまけに、いつになく大きな地震を体験した直後でもある。精神状態が不安定になっていたに違いない……。

「御礼なんて！　さっきも言いましたが、地震や台風のときは何事もお互いさまですから。では、娘が待っているので、失礼します」

階段を下りて、踊り場から五階を振り向くと、老女の姿はもう見えなかった。きっと部屋に入ったのだろう。

良いことをしたのだ。優美さんは自分にそう言い聞かせながら、四階の我が家へ帰った。


その後、彼女は、同じ老女と週に三、四回も遭遇するようになった。

いつも、初めて会ったのと同じ黄昏時で、マンション付近の舗道に老女が佇んでいるところへ、たまたま通りかかるのだ。

服装と「くの字」に腰が曲がった特徴的な姿が記憶に刻まれている。だから人違いということはない。

　認知症による徘徊が始まったのだろうと推測して、かわいそうだと思いながらも、毎回、黙って前を通り過ぎた。

　擦れ違いざまになぜか怒った顔で睨まれるのだけれど、理由もなく不機嫌になる認知症患者を数々見てきた。気にしない、気にしない。どうせ、深く関わるわけにはいかない。こちらにも守らなければならない家族がいるのだし……。

　しかし、一ヶ月経ち、二ヶ月経ち、三月一一日の震災の日から三ヶ月経って六月になっても老女は同じ服装で現れ続けたのだった。

　不信感が次第に膨らんで来た。

　そんな矢先の六月下旬、仕事を終えて深夜、帰ってきたら、マンションの前に、いる。

　あの老女だ。

　しかし、これまでと違い、時刻はそろそろ午前零時頃。

　周囲は闇に呑まれ、人通りも途絶えている。マンションの出入口だけが煌々《こうこう》として、その明かりの中に、いつもと同じいでたちの姿が浮かびあがっていた。

　とりわけ蒸し暑い夜なのに。半袖でじっとしていても汗ばむほどだ。

にもかかわらず、セーターとダウンベストを着込んでいるのは、いったいどうして？

優美さんは、その答えをたぶん知っていた。

わかっていたのだ。背負って階段を上ったときから、本当は。

カチカチと変な音がすると思ったら、自分の奥歯が鳴る音だった。

優美さんはギュッと目をつぶった。そのまま老女の横を駆け抜けようとした。

「あのぅ」と声が追いすがってきた。

うなじに氷を当てられたような気がして、喉がヒュッと鳴る。

「あのぅ、あのぅ。御礼をしたいので、あなたの家に連れていってくれませんかぁ」

「御礼、いりません！」

「そんなこと言わず、御礼させてくださいよぉ」

「気にしないで！」

「また、おぶっていってくれませんかぁ。足が痛いんですよぉ」

優美さんは構わず建物の中に走り込んだ。

エレベーターの前で振り返る、と、老女が外からこちらを睨んでいた。慌てて目を逸らして、エレベーターのボタンを押し、もう二度と後ろを見なかった。

老女は、それ以上、追い駆けてはこなかった。

以来、一度も遭っていない。

五階にそんなお年寄りが住んではいなかったことを後に知ったけれど、優美さんは、やはり、と、思っただけで驚かなかったという。

女坂

五月のある晴れた日、優美さんは高尾山《たかおさん》を訪れた。

その頃、職場の人間関係に疲れていたのだ。それで、軽く山登りでもして憂さを晴らそうと考えた。子育て中の身で遠出は難しいけれど、高尾山なら、ここ下町からでも余裕で日帰りできる。東京都内に手頃な山があってよかった。

到着したのは午前一〇時頃だった。

前にも二度ばかり来たことがあるので、ハイキングコースはだいたい把握している。

ケーブルカーの高尾山駅から薬王院《やくおういん》に向かうと、山門をくぐったところで、道が左右二股に分かれる。右は女坂という緩やかな上り坂、左は男坂といって急勾配の途中ところどころに長い階段があるコースだ。

以前、男坂を選んでしまって苦労した経験があるので、迷わず女坂へ進んだ。

霊気満山。山門の扁額《へんがく》にそう大書されていた。鬱蒼とした木立に囲まれた参道には、まさにそのような神秘的な気配が満ちているような気がした。

坂の上の茶屋でひと休みして、薬王院を参詣すると、久しぶりに爽快な心持ちになった。体を鍛えに来たわけではないから、山頂を目指す必要はない。ここ止まりで充分。日が高くなり、参道が明るんでゆく。大気はますます澄み渡り、実に気分がいい。

優美さんは軽い足取りで山を下りはじめた。

茶屋の前を通りすぎた辺りで、女坂を上ってきた人と出逢った。

若い男性だ。撥水《はっすい》ハットとカラフルなトレッキングシューズといった、最新の登山ファッションに身を包んでおり、連れはいない。

軽快な足取りで歩いてきて、優美さんの姿を認めると、輝くような笑みを浮かべた。

「こんにちは」

挨拶の声に健やかな張りがある。気持ちのいい青年だ。

「こんにちは」

優美さんは挨拶を返した。お互いに軽く会釈して、擦れ違う。
二、三分も再び独りで、てくてくと女坂を下った。しばらくは何もなかったが、やがて前方から見覚えのあるハットを被った姿がこちらに近づいてきた。
「こんにちは」

さっきの好青年だ。

「……こんにちは」

優美さんは呆気に取られ、つい、釣り込まれて挨拶を返した。

彼は陽射しに包まれて微笑むと、ぺこりと頭を下げて、女坂を上っていった。

余りのことに、振り返って見送った。

狐《きつね》や狸《たぬき》の尻尾を生やしているわけでも、烏天狗《からすてんぐ》に変身して飛び去るわけでもなく、のんきな歩様で緩い坂道を上っていく青年の後ろ姿があるばかりだった。影も、あった。

そのうち、遠いカーブの向こうへ、後ろ姿が消えていった。

優美さんは、また前を向いて歩きだした。デジャブという言葉が頭に浮かんだ。

既視感。見たことがあるような気がする現象を指すのだとか……。

きっとそれに違いない！　と、心の中で手を打った。

出逢ったのは、実は今が初めてで、最初に擦れ違ったと思ったのは錯覚だったのだ！

ところが納得がいったのは束の間のことで、すぐにまた、あの青年が前から歩いてきた。

「こんにちは」

「……こんにちは」

数分前と寸分たがわない場面が繰り返された。

優美さんは、女坂を下りはじめたときから、この青年以外、誰も見かけていないことに気がついた。

ハイキングシーズン真っ只中だ。坂の上の茶屋は、店の中も手前の広場も混んでいた。坂の下からも、彼以外、人っ子ひとり上がってこない。何か、おかしいのではないか。

膝をがくがくいわせながら青年と擦れ違った。

今度はもう振り返る気がしなかった。一心に坂を下るうち、次第に駆け足になった。

山門を目指して、女坂を転げ落ちるように……。

走っていたら、また一つ、厭なことに気づいてしまった。

女坂が、こんなに長いわけがない。

霊気満山と書かれた扁額は……鳥居が隠れた神仏混淆《こんこう》の門……たしか浄心門《じょうしんもん》といった、あの山門はどこだ？　もう潜り抜けていなければおかしい。

「こんにちは」

青春の光そのものといった笑顔を浮かべて、彼がまた現れた。

「こんにちは」

優美さんは心の底から震えあがった。悲鳴を上げたつもりだったのに、自分の口が勝手に動いて、青年に挨拶を返していたのである。

この状況から逃れたい一心で、彼女はいつのまにか両手を前に伸ばしていた。空気を掻いてもがきながら、つんのめって駆けた。

前に、前に進んで、女坂を終わらせなければ。

永遠に繰り返すことになったら、どうしよう。

恐れが頂点に達して意識が昏《くら》くなる。

あ、失神しそう。

そう思ったとき、忽然と、霊気満山の浄心門が目の前に現れた。

優美さんは、山門の向こうに文字どおり転がり出た。

両手両膝を地面についたまま、震えながら後ろを振り返ると、青年の姿はなく、汗まみれになった自分ひとりに、行き来する人々から好奇の視線が注がれていた。

川沿いの小径

俊生《としお》さんは、昭和に造られた団地に住んでいる。結婚当初に入居したときは、こんなに長くここで暮らすつもりはなかった。しかし、結局、五〇歳を過ぎ、子どもたちが巣立ってもなお、新婚当時と同じ部屋で妻と寝起きすることになった。

住み心地は悪くない。むしろ団地が出来たてだった最初の頃よりも、周囲の植栽が育って景観が良くなった。敷地の端を流れる幅三メートルほどの人口の水路に至っては、当初は殺風景な側溝に過ぎなかったのに、灌木や雑草に囲まれた結果、次第に天然の小川のような情緒を備えてきて、近頃では団地の住人なら誰もが「川」と呼んでいるほどだ。

彼自身も今や「これは川だ」と思っているから、川で構わない。

住まいのある棟は団地の縁に建っており、建物のすぐ下を、この川が流れている。下流の方へ、川沿いにある舗装された小径を五分ほど歩くと、団地の集合駐車場があった。

俊生さんは自家用車で通勤している。従って三〇年近くも、この川沿いの小径を往復し続けているわけだ。よく飽きもせずに、と、自分でも思うけれど、仕方なくもあり、全然楽しくないわけでもなかった。

川向こうは高い塀に囲われた寺院の敷地だが、皐月《さつき》や紫陽花《あじさい》の植え込みが塀の下半分を隠しながら目を楽しませてくれている。同じ道を往復するだけの毎日だから、ありがたい。

新盆の七月半ば、雨の夜。

その日は夜勤で、午後一〇時頃に傘を差して小径を歩いていると、紫陽花に腰まで埋もれて立つ人影が目に留まった。

体つきから推して若い女のようだったので、俊生さんは咄嗟に自分の娘を想起した。けれども、彼の娘は結婚していて赤ん坊を育てている最中であり、この時間に訪ねてくるはずがなかった。

もしもあれが娘なら一大事だ。夫婦喧嘩して飛び出してきたにしても尋常ではない。離婚するかもしれぬ。

なぜなら、篠突《しのつ》く雨の中、あの人は傘を差していないのだから。

雨に視界を遮られながら、急ぎ足で接近した。

近づくにつれ、格式の高いパーティーに着ていってもおかしくない、洒落たワンピースを纏《まと》っていることがわかった。そんな格好で濡れそぼち、両手で目もとを押さえて肩を震わせている。泣きじゃくっているようだ。

うちの娘ではない。そのことに少し安堵しながら、川を挟んで声を掛けた。

「大丈夫ですか？　早くお帰りになった方がいいですよ」

すると、返事の代わりに、雨をついて嗚咽する声が耳に届いた。

……よけいに泣かせてしまったようだ。

困ったことになった、と、彼は思った。

出勤の時刻が迫っていた。夜勤は交代要員がおらず、遅れるわけにもいかなかった。

あのお嬢さんには助けが要るかもわからない。

しかし川を渡っていこうにも、橋は、うんと道を引き返したところに架かっているきりだった。あんなところまで往復すれば、絶対に遅刻してしまう。

歩いて渡ることは考えられない。こんな大雨の、ましてや夜中とあっては、命が危ない。

その後も二、三回、呼びかけたが、女は泣くばかりで、一歩も動こうとしなかった。

結局、俊生さんは説得を断念して、後ろ髪を引かれる思いで仕事へ向かった。

その翌日、再び川沿いの小径を、昨夜とは逆に、駐車場から団地へ向かって歩いた。

夜勤明けにもかかわらず、すでに日が暮れていた。もう、くたくただ。

早くうちに帰って、横になりたかった。

やがて、昨夜、川の向こうで若い女が泣いていた辺りに差し掛かった。

仕方がなかったとはいえ、昨日は放っていってしまって、かわいそうなことをした。

そう思いつつ、今は誰もいない紫陽花の植え込みを横目に、通りすぎた。

コツン、コツン、コツン……。

尖った音が後ろからついてくることに気がついた。

今朝、雨が降り止んだ。小径の路面は乾いていた。だから音も乾いている。

立ち止まって振り返ると、コツッ……と、余韻を残して音がやんだ。

気のせいかと思い、歩きだすと、再び、コツンコツンと始まる。

この辺りから自分が住んでいる棟までは、ほんの二、三分だ。

俊生さんは歩く速度を速めた。すると背後の音の間隔が狭まった。

そこでピンときた。靴音だ、と。

昨夜の女はフォーマルなワンピースを着ていた。彼女が履くとしたら、踵が高いパンプス、ハイヒールということになろう。

そして、これはまさしく、ハイヒールの音。

俊生さんは泡を食って走りだした。

住まいのある棟に辿りつくと、出入口のガラス扉に顔を引き攣《つ》らせている自分が映った。

後ろには誰も映っていない。

ハイヒールの靴音だけが、コツコツと背後に迫ってくる。

ガラス扉を開けて彼は建物に転がり込むと、すぐさま後ろを向いて扉を閉め、外から開けられないように両手で押さえた。

コツッ、コツッ、コツッ……。

——靴音は、方向を変えずに、扉の前を通りすぎていった。

翌朝、俊生さんは、一階の郵便受けまで新聞を取りにいったついでに、川沿いの小径を足音が去っていった方へ歩いてみた。

しばらく行くと、橋が架かっていた。

そう、泣いている女をどうしようか悩んでいたときに思い出した橋である。

橋を渡れば、寺院の境内だ。

そこに寺があるということは知っていたが、長年近くで暮らしてきたのに、一度も足を踏み入れたことがなかった。神社仏閣の類は抹香臭い感じがして苦手だったから。

それに、毎日、小径からはみ出さずに歩いてきて、何の不都合も覚えなかったので。

初めて境内に入ってみたところ、驚くべき光景が広がっていた。

……墓石。五輪塔。卒塔婆《そとば》。そしてまた、墓石。さらにまた墓石と卒塔婆。

塀の内側ギリギリまで、墓地に埋め尽くされている。

なんと、川の向こうは霊園だったのだ。住んでいる部屋にこちらを向いた窓がないため、
そして小径から逸れたことがなかったために、今までまったく気がつかなかった。

時候に合わない寒気を覚えながら家に帰り、妻に報告した。

「川沿いの小径の向こう、墓場だったんだな」

これを聞くと、妻は呆れ顔になり、

「昔はここも墓地だったのよ。みんな知ってることよ?」

と、言った。

同業者へ

事件は二〇一五年七月に起きた。今でもインターネットで「堺《さかい》　無理心中事件」でキーワード検索をかけると、新聞報道をはじめ多数の情報がヒットする。マスコミで報じられただけでなく、事件発覚直後は大阪府在住の人々を中心にSNSで話題になった。

事件の内容をかいつまんで書くと、こういうことだ――大阪府堺市にあるラブホテルの一室で、男性客が連れの女性を刃物で刺し殺した後、部屋の戸口で首を吊って自殺した。ラブホテル従業員から通報を受けて駆けつけた大阪府警堺署は、現場や遺体の状況などから、無理心中の可能性があると示唆した――。

それから四年以上が経過したわけだが……。

無店舗型性風俗店でキャストとして働く美希《みき》さんによれば、毎年七月になると、惨劇の舞台となった件のラブホテルの出入口から線香の匂いが漂いだすのだとか。

事件の翌年から始まり、今年も七月は一ヶ月間ずっと匂っていたそうである。

しかし、この匂いは、美希さんたちキャストにしか感じられない。

なんとなれば、そこで殺された女性というのは同業者だったのだという。

生前、彼女を刺殺して自死した男につきまとわれており、契約していた性風俗店の店長に「ストーカーされている」と度々相談したが対処してもらえなかった。

その結果、ああいうことになってしまったのだ。

線香の匂いは、同業者に向けたメッセージなのだろうか。

何か伝えたいことがあるのかもしれない。

だが、美希さんたちは通常どおり仕事をしているし、ラブホテルも営業を続けている。

ただし、そこのエレベーターの中には、こんな張り紙があるとのこと。

《4階をご利用のお客様へ　4階で止まらないことがあります。その際は5階で降りて、階段をお使いください》

常連客の間では、四階でエレベーターが停まらないのは霊の仕業だと囁かれているそうだ。四階で事件があったのは周知の事実だから無理からぬことだろう。

ノーガード

美希さんの恋人は視覚障碍者だ。昔は少し見えていたが、完全に視力を失って久しいのだという。性風俗店のキャストと客として知り合ったけれど、恋愛関係になってからは、普通の恋人同士と同じように交際している。

目の見えない人と付き合うのは初めてで、日々、新しい発見と学びがある。

まず、彼に霊感があることを知った。見えていた頃は幽霊など信じなかったが、全盲になると同時に、霊的な存在を感じるようになったそうだ。

触角、聴覚、嗅覚は、目明きの頃より鋭くなっており、霊の存在がわかるのだとか……。

付き合いだしてから一年ほど経ったあるとき、美希さんは彼とラブホテルで休憩することになった。

近頃では、彼のために周囲の状況を解説することがだいぶ上手くなった。

ラブホテルの室内に入ると、美希さんはまず、家具やバスルームの配置を彼に説明した。

彼は、説明にうなずきながらシャツを脱ぎかけて……急に、「ブレスレットを忘れてきた！」と騒ぎだした。

「しまった！　あれが無いと、こういうところには入れない！　すぐに出よう！」

ホテル、特にラブホテルには人々の残留思念が溜まっていて、彼の言い方だと「あてられる」というのである。

自殺や他殺など、人が死ぬようなことがあった部屋の場合は、怨霊がいて、祟られる可能性もないとは言えない。だからすぐに出よう、と、言われたが。

「でも、もうお金を払ってしまったし……。せめてシャワーぐらい浴びさせてよ」

その日は暑く、体が汗ばんでいた。

それに、彼のブレスレットなら美希さんも知っていた。白水晶と黒曜石の珠が交互に繋げられたもので、とりたてて珍しい品物だとは思えなかった。スピリチュアル系の雑貨店で似たようなパワーストーン・グッズを何度も見かけたことがある。

美希さんは、パワーストーンの効果については懐疑的だった。

「あれは防御の御守りなんだ！　霊能者にわざわざ作ってもらったんだ」

美希さんはこっそり思った。

――霊能者なんて、みんなインチキだ。彼の目が見えないのをいいことに、不当に高く売りつけたに決まっている。……そうだ、これはインチキを証明する好い機会だ！

湯船に湯を溜めて、彼をなだめすかして服を脱がせた。

自分も裸になり、「お風呂に入るだけなら、大丈夫」と彼に言い聞かせながら、手を引いてバスルームへ。

すると彼が、「あっ」と大声を出して、バスルーム内の一角を指差した。

タイル張りの壁に、彼のものでも美希さんのものでもない、真っ黒な人影が映っていた。

そいつが、スーッと横に並行移動した。

——美希さんと彼は、大急ぎでその部屋を出た。

黒い影を見てから、ラブホテルに入るたびに美希さんは不安を覚えるようになった。

しかし、客と休憩する際には一度も怪異に遭わない。

怖いものに遭ったのは、彼とデートしたあのときだけだ。あれ以降、彼はその都度ブレスレットを指し示して、「これに護られているから平気だ」と彼女を慰める。

実際、あれからは出ないが、近頃、美希さんは、黒い影が現れた原因は彼にあるのではないかと疑っている。

化坂の家

《元の化坂は耕地整理のため消滅している。武蔵野台地の斜面に多い赤土層に砂礫層が露出し、湧水が出る所を「はけ」といった。それが転じて化坂《ばけざか》となったといわれる。また、この坂が衾《ふすま》と深沢《ふかざわ》の境を分けたので「分け坂」とも呼んだという》

——平成二十一年三月設置・目黒区の木標「化坂」より

《俗説に依れば往古《おうこ》此《こ》の坂の下より獨木舟《まるきぶね》の化石を發掘したと云ふ》

——昭和一〇年・目黒区大観刊行会発行『目黒区大観』より、化坂の解説の抜粋

《昭和39年7月、本区の住居表示制度の第一期実施地区として宮前町、大原町、衾町、芳窪町、中根町の一部が、東が丘一丁目から二丁目と八雲《やくも》一丁目から五丁目となった。日本最初の和歌の言葉という「八雲」が、奇しくも本区の最初の住居表示名として、東が丘とともに名乗りをあげたわけである》

――目黒区ホームページ「目黒の地名　八雲」より

《私のお弟子さんのお母さまが怪談好きと知り、川奈さんの本をお貸ししたら、すっかりファンに。今日は息子さんのお稽古についてきて「私は心霊スポットで育ちました」とおっしゃるので、どういうことか聞いてみたところ、子どもの頃、目黒区の化坂に霊園跡地があって、そこに建てた家に住んでいたそうです。川奈さんのご本を読み、昔、体験した怪異をまざまざと思い出したとのことなので、彼女を取材されてみては如何でしょう？》

――友人からの私信

友人の能楽師から紹介された女性、博子《ひろこ》さんから傾聴した話を基に、関連することを取材して、ある家の顛末《てんまつ》を綴ろうと思う。

博子さんの祖父が東京の目黒区八雲三丁目に地所を購入したのは、二・二六事件があった昭和一一年、西暦に直せば一九三六年頃のことだった。

彼は旧東京帝国大学法科大学政治学科卒で、当時は内務省の若手官僚だったが、能楽を愛する趣味人でもあった。

能についていては、勤めの傍ら上野の東京音楽学校（現在の東京芸術大学）の夜間部で邦楽を習うほどの入れ込みようで、晩年はその道へ進むことにもなったわけだが、仕事の手も決して抜かず、内務大臣・後藤文夫《ごとうふみお》に非常に可愛がられていた。

後藤大臣と言えば、二・二六事件の折に、襲撃されるも外出中で無事だったという強運の持ち主だ。

そんな大臣にどれほど目を掛けられていたかというと、後藤大臣から「是非に」と紹介されて、大臣の郷里・大分県の女性を妻にしたぐらいであった。

さて、彼は、その日も後藤大臣の遣いを任じられ、上首尾に済ませた。

四月中旬の晴れた午後だった。

駒沢の森がある目黒区の深沢一丁目から、八雲町の方へしどめ坂と呼ばれる緩い坂道をとろとろと下って、坂の下に着いたときだ。

鬱蒼《うっそう》とした竹藪の向こうに、薄紅色の雲に似たものが見えた。

引き寄せられるように近づいてみると、八重桜の大木が満開で、大屋根のような梢いっぱいに、大輪の花を枝がしなるほど咲かせていた。

彼はこの景色にすっかり惚れ込んでしまった。折良く、ちょうど家を建てる土地を探していたところだった。

よし、ここにしよう、と、彼は決めた。

さっそく近くの農家の戸を叩いて、出てきた主に相談した——八重桜と竹藪の辺りを是非買いたいので、地主を知っていたら教えてほしいのだが、と。

この付近ではいちばん大きな農家のようだったから、もしかするとここがあの土地の所有者かもしれないと期待していた。ならば話が早い、と。

ところが農家の主は、「あそこはよしたほうがいいですよ」と彼に忠告したのだった。

「昔は墓地だったんですから！　それに、今じゃすっかり竹藪に隠れていますが、斜めに抜ける細い坂道があって、そこはバケサカっていって、この辺では誰も近づきません。ひとりぼっちでそこを通ると、十中八九、何かに足首をグイッと掴まれて、湧き水に引き込まれるんですよ！

だから私なんかも、子どもの時分から、バケサカにはなるべく行くな、特に絶対に一人で通ってはいけないと言われてきたもんで……」

博子さんの祖父は、その頃、三六歳で、頭脳明晰な人であり、生まれこそ明治だが、旧時代的な迷信はまるきり信じていなかった。

――本当に霊園跡地であったとして、だからといって忌み地扱いするのは馬鹿々々しい。

そう思ったので、農家の親父の言など意に介さず、すぐさま役所で土地の所有者を調べさせた。すると、だいたい農家で聞いたとおりで、平間寺《へいけんじ》という寺院が地主になっていて、かつてそこで霊園を管理していたことが明らかになった。

平間寺は、真言宗智山派大本山・川崎大師《かわさきだいし》と呼び慣わされ、言わずと知れた神奈川県川崎市の名刹である。

なぜ川崎の寺院が目黒に墓地を持っていたのかわからないが、ともかく、墓石の類はとっくに魂抜きして他所《よそ》へ移したようではあった。

現在はポツンと一つ井戸があるだけの、だだっ広い空き地になっているそうだ。

役所の記録には、湧水が豊富な土地であることも記されていた。

農家の主も湧き水に引き込まれると話していた。

泉水が出ることが、霊園跡地の活用を難しくしてきたのかもしれない。

どうしてもあの土地が欲しかった博子さんの祖父は、そんなことでは怯《ひる》まず、内務省の上司から川崎大師を紹介してもらって、広大な霊園跡地のうち、角の四〇〇〇坪を買った。

そして川崎大師から住職を招き、家族も立ち会いのもとで地鎮祭を行ったのだが……。

そこでまた迷信を聞かされるはめになった。

話したのは、今度は農家ではない。川崎大師のご住職がこの土地について、こんな話をなさったのだ。

「八重桜とは別に、バケサカを下りたところに椿の木立ちがございますが、そこには足を踏み入れてはなりませんよ。椿の傍らの井戸を使うぶんには差し支えありません。でも、井戸を普請することは避けてください。掘り返したり、埋め戻したりすると障りがあります」

「どのように障るのでしょう?」

と、彼の妻が青ざめた顔で住職に問うた——かどうかまでは、私は博子さんから聞いていないし、障りの内容は教えられなかったようだが、ともあれ、このように住職に脅された結果、博子さんの祖母は終生、椿のそばで遊ぶことを子や孫に固く禁じていた。

博子さんの父によれば、椿の根もとに肌理《きめ》の細かい粘土質の土があったので、時々、土を掘ってきては粘土遊びをしていたのだという。母親に見つかると叱られる。だからこっそりやっていたそうだ。

……それで、別にバチもあたらなかった。

博子さん自身も、この椿の木立ちを鮮明に憶えている。

椿林、または椿園と呼ぶべきかもしれない。

坂の下の窪地に同じ種類の椿ばかり、数十本も植えられていた。それらが、冬になると一斉に花をつけるのだが、他所で見たことのない色柄の花だったという。

「大輪の八重咲で、花の半分に真っ赤な絵の具がデロデロと流れ、残り半分に血飛沫《ちしぶき》が飛び散ったような、そんな椿でした。花弁が非常に肉厚で、冬、落ち葉の積もった地面に花首が落ちると、なかなか枯れないのです。血塗れみたいな花首が、数え切れないほど落ちて、いつまでも転がっているのは、ゾッとする眺めでした。椿の木立ちがある周りには、不気味な暗さがいつも漂っていたものです」

博子さんは、粘土遊びをした父と違って、自分から椿の木立ちに入ることはしなかった。

「私の通っていた目黒区立宮前《みやまえ》小学校では、毎年、全校生徒で、長津田《ながつた》にあった〝こどもの国〟へ遠足に行っていたのですが、椿の森といって、資生堂が公園に寄贈した椿林があり、お弁当はそこで食べることになっていました。

毎年訪れて椿の森の管理者と親交を重ねていたせいでしょうか、三年生の頃のクラス担任の先生は、すっかり椿愛好家になっていました。

そして家庭訪問にいらっしゃったとき、うちの椿を見て、これは珍しい椿だ、椿の森にも無いものだとおっしゃったのです。すると祖父が喜んで、花枝を伐って先生に差しあげなさいと私に命じたんです。祖母から足を踏み入れてはいけないと言い聞かされてきたので、私はとても困惑しました。でも、先生は欲しそうにしていらっしゃるし、祖父の言うことには逆らえず……。剪定鋏《せんていばさみ》でチョッキンと花枝を伐るときは、なんとも言えない気持ち悪さを覚えました。先生は、このお土産《みやげ》を嬉しそうにお持ちになりましたが、内心、気が知れないと思わないではいられませんでした。

幼い頃からずっと、厭な花だと感じておりましたから……」

博子さんの祖父は、その後、内務省を無事に勤めあげ、定年退職すると東京競馬会で役職に就いた。競馬会を退いた六〇代後半からは能楽師として弟子を集め、能舞台を踏むようになった。彼の息子は、いったん外務省に入ったものの水が合わず辞職して、飲食店の経営を始め、そして結婚。孫——博子さん——が生まれた。

それまでに、第二次世界大戦や終戦直後の激動期、そして高度経済成長期があった。

博子さんは一九六七年生まれで、余談だが私と同い年だ。屋敷の周辺には、その当時、野火が広がるような勢いで家が建ちはじめていたはずだ。都内に住宅街が急速に拡大していった時期である。川崎大師の霊園跡地で残っていた土地も、博子さんが生まれる頃にはすでに住宅で埋められていた。

三軒隣のお屋敷には、家の建坪とさして変わらないほど大きな池があった。初夏から秋口まで睡蓮《すいれん》が咲きつづける湧水の池で、二階の子ども部屋から睡蓮の池を眺めるのが好きだったと博子さんは言う。

地下に水脈があったのだろうか……。

一説によれば幽霊は水を好むそうだから、私としては、後に起きた奇怪な出来事を思わずにはいられない。

博子さんの家にも湧き水からなる小さな池があり、そこで鯉《こい》を飼っていたそうだ。家が建つ前からあった井戸も健在で、庭の水撒きに使っていた。

博子さんが物心ついた頃、祖父は家の裏にあった二〇〇坪の土地に鉄筋コンクリートのアパートを建てた。近くにある国立東京第二病院（現在の東京医療センター）の医療関係者、特に看護師たちの需要を見越してのことだった。

博子さんが八歳のときに祖母が亡くなると、祖父は屋敷を建て直すことにした。土地の大半を手放して、残った一〇〇坪に家を新築したのである。幽玄の世界を描く能を偏愛しつつ実生活においては筋金入りのリアリストだった彼は、これに伴い、川崎大師の忠告を無視して井戸を潰し、椿の木も一本残らず抜いてしまった。

不思議なことに、椿の木立ちと井戸を重機で掘り返したところ、井戸の近くの水気を多く含んだ泥濘《でいねい》の中から、陸亀の形をした緑色の水晶石が現れた。

本物の天然石で、甲羅の縦が約八〇センチ、横が約四〇センチ、厚みが約二五センチもあり、幼児が浦島太郎を真似て跨《また》ることが出来るほど大きかった。ガラス質の透明な緑の部分と乳白色の部分が混ざっており、秋田県荒川鉱山の緑水晶に似ていた。

また、彫刻でこしらえたようには少しも見えないのに、頭と四肢、なんと短い尻尾まで備えていた。

自然の成り行きで地中に埋まっていたとは考えづらく、何か理由があって井戸のそばに埋めたのではないかと思われた。

珍奇であり、美しくもあったので、鑑賞物としての価値が見込める。

私がそんなものを手に入れたら、とりあえず鑑定に出して値打ちを確かめるが、博子さんの家族には、そういう俗っぽいことを思いつく人がいなかった。

彼らは敬意と愛情を持って、水晶の亀に接した。

新しく整えた庭の一角、白い玉砂利を敷きつめた上に飾り、手入れを怠らなかった。

博子さんによれば、夏の黄昏時、庭に水撒きをした折に甲羅に水を掛けると、にわかに緑色が生き生きと冴えて、亀に命が宿ったかのようになったという。


——湧き水、井戸、椿、亀。

私には、ここは陰陽道や風水に明るい人が計画した土地だったように思われる。

亀は陰陽五行説の北の玄武。当時の井戸の在り処を、博子さんの記憶と旧化坂の周辺の地図から割り出してみたところ、敷地のほぼ北側に位置していた。

また、椿には、長寿や父母の息災祈願という中国由来の故事がある。

平安時代の日本では厄除けに良いとされ、源氏物語の「若菜」の巻に蹴鞠《けまり》の穢《けが》れを椿餅で祓う逸話が載っている。

水神なのか土地神なのか定かではないが、この地に棲む畏怖の対象を鎮めるために、陰陽道または風水的に正しい方位に玄武（亀）を埋め、さらに土地の穢れを祓うために椿を植えたのではないか……。

　そのように鎮めと浄化の儀式が行われていた場合、土地を分割したり工事をしたりすると結界が破られて、地中に抑え込んできた穢れが噴き出てきてしまう……かもしれない。


　前の屋敷は純和風建築だったが、今度の新しい家は一転して、赤煉瓦と白壁のコントラストが鮮やかな洋館風だった。

　この家にはちょっと変わったところがあった。以前に建てた鉄筋コンクリートのアパートの二階を家族専用に改築した上で、母屋の二階と渡り廊下で繋ぎ、家人が行き来できるようにしたのだ。

　初めは、渡り廊下で繋がれた部分は両側とも博子さんの祖父が使う予定だったようだ。渡り廊下には書架が造りつけられて祖父の蔵書が置かれ、母屋側の出入口は能の練習室に続いており、アパート側には書斎や六畳の寝室、個人用の居間などがあって、彼の私物がゆったりと配置されていた。

　ところが、新しい家を建ててから一年もしないうちに、博子さんと彼女の母も、アパートの二階で寝起きするようになった。

祖父の持ち物や家具を移動させて、博子さんはアパートの二階の奥に子ども部屋を貰い、やがて母もそこで彼女と一緒に寝はじめたのだ。

おまけに父まで、自分が経営しているレストランのそばに別宅を借りて寝泊まりしはじめた。夫婦仲には問題がなく、両親は寝室のベッドを買い直したばかりだったのに……。

なぜ、新しい家を皆して嫌うようになったのか。

その理由は、この先を読んでいただければおわかりになると思う。


家が完成して間もない頃のことだ。

小学校から下校した博子さんは、母に留守番を頼まれた。父や祖父も外出しているとのこと。車で出掛けていく母を見送り、真新しい居間でくつろいでいると、花瓶の切り花が乾き切って萎れているのが目に入った。

今朝、母が飾ったばかりだったのだが。

そう言えば、母が「この家では、何を活けてもすぐ枯れてしまう」と嘆いていた。

気分にかすかな影が差し、なんとなく台所に場所を変えた。

しかし、しばらくすると、居間の方から何かを激しく叩きつける音が聞こえてきた。

バン！ と、一回鳴り、後は、死んだように静まりかえっている。

恐々と見にいくと、さっきまで閉じていたクローゼットの観音扉が全開になっていた。

クローゼットは新品で、勝手に開くことは考えられない。

中は、ほとんど空だ。

ふいに、そこから虚ろな暗がりが滲みだしてきたように感じた。

居間は角部屋で、四枚引きの大きな掃き出し窓と腰高窓があり、本来なら採光に優れた明るい部屋であるはずが、なぜか薄暗く思えた。

時刻を確かめると、まだ四時まで少し間がある。庭には陽射しが躍っていた。

奇妙だ……。衝動的に、博子さんは居間を逃げ出して、二階に向かって駆けだした。

廊下を走り抜けて、階段に、一歩、足を掛ける。

段に乗せた足首を、冷たい手が掴んだ。

ギョッとして見下ろすと、手など見えない。

しかし、確かに感触があった。手そのものだ。

握力は弱く、痛くもないが、五本の指と掌《てのひら》に足首をしんねりと掴まれている。

じっと動かずにいても、放す気配がない。

博子さんは慎重に次の段に足を掛けた。

すると、また掴まれた。代わりに、先の足からは手が離れた。

では、また一段……。と、やはり同じように足首を掴まれた。

博子さんは階段を駆け下りて、裸足で外に飛び出した。


夜になって帰宅した母は、車庫にいる博子さんを見て驚いた。

けれども経緯を話すと理解を示し、それどころか安堵した表情すら見せた。

「居間のクローゼットでしょう？　みんなが学校や仕事に出掛けてから、ひとりで掃除をしていると、人が体当たりするような音が中からしてきて怖いのよ。それも一度や二度じゃないし……そうそう、いきなりその扉が内側から弾けるみたいに、ドンッと開いたこともあるの！　まったく同じね！

おじいちゃんはああいう人だから、この手のことは認めないと思うけど、おとうさんも、居間に入るとなんとも言えず寂しい気持ちが湧いてきて、薄気味が悪いと言っているんだから……。がっかりだわ！　今度の家をどういうふうに飾ろうかしらって、楽しみにしていたのに……」

そして彼女は、母屋の寝室も怖いと言いはじめて、アパート側に博子さんの部屋を設けると、夜は一緒に寝るようになったというわけである。

この家で博子さんがいちばん厭だったのは渡り廊下、その中でも特に、アパート側に渡って室内に入る手前の、三畳ほどの空間だったという。

元々ここには、広々とした玄関の三和土があった。しかし博子さんたちがアパート側に居場所を求めて来るようになると、祖父は部屋を空けるために、三和土に自分の書棚などを移した。その結果、前後をドアに挟まれた、狭苦しい空間に変わった。

博子さんたちは、この場所を「踊り場」と呼んでいた。

ある晩、博子さんが母屋で入浴を済ませて、子ども部屋に戻ろうとしていたときのこと、踊り場に差し掛かると、空中を足が歩いていた。

彼女の目の高さぐらいのところを、まるでそこに透明な通路があるかの如く、大小さまざまな人間の足が、入り乱れながら歩いていく。

靴下を履いたもの、素足のもの、子どもの足、お年寄りの足……。

歩き方も一様ではなく、中には、スキップしていくものや、飛ぶように駆けていくものもある。ただし、どれも膝から下だけで、足音はしない。

書棚の手前の空間から現れて、反対側の書棚にぶつかる直前にスーッと消えていく。

博子さんは大声で叫びながら行列の下を潜り抜けると、一直線に子ども部屋へ駆けていってベッドに潜り込んだ。

翌朝になると、足たちが消えた代わりに、うっすらと黒い靄《もや》が踊り場に澱《よど》んでいた。そんなもののために学校へ行かないわけにもいかず、息を止めて走り抜けた。

夕方、帰宅してみると、いよいよ霞が黒々と濃くなり、踊り場全体が影に呑まれていた。うつむいて、自分の足もとに目を据えたまま通過しようとしたのだが。

視界の端で、赤い色が跳ねた。

反射的に見た、その先に、赤に近い臙脂《えんじ》色が……。

ソックスに包まれた幼児の足だった。

幼稚園のお遊戯でもしているような、踊るような足取りで空中を通っていく。ウールのズボンを穿いていた。靴下と似たような臙脂色の地に暗い緑や黒の格子柄を織り出した、暖かそうなズボンだった。

「この子は、その後、何十回も見てしまいました」と博子さんは言う。「いつも夜で、毎回同じズボンと靴下だったので、今でも目に焼きついています。他の足たちも、毎晩、行列していました。でも出るのは踊り場だけで、他の場所には現れませんでした」

博子さんは自分なりに対策を考えて、踊り場を通るときは、祖母の葬儀で聞き覚えた般若心経を唱えるようになった。

しかし効果が感じられなかったばかりか、やがて、黄昏時になると、踊り場に白い顔が浮かびあがって見えるようになってきたのだった。

「足たちに遭遇してから、家の中の空気圧に敏感になってしまいました。午後、学校から帰ってくると、朝とは、うちの空気が明らかに違っていて……。

日中は家が無人だったから、誰にも邪魔されずに影が力を伸ばして、霊気のガスが濃くなるのだと信じていました。そのうち、踊り場に白い粒子の霧が集まってきて、それがさまざまな顔の形を表していくことに気がついたのです」

――目つきの鋭い、鋏で滅茶苦茶に切られた短い髪の女が、涙に濡れた顔やイガグリみたいに方々に突き出した髪の束をヌラヌラと光らせていた。

――中年の女が、怒りに燃えた眼を虚空に据えつけていた。

どれも追い駆けては来なかった。でも、恐ろしかった。

霊的なものを感知しやすくなってきているという自覚があったので、このまま行けばどうなるか想像すると、憂鬱にならざるを得なかったとのことだ。

新しい家に移ってから両親は留守にしがちで、誰にも頼れず途方に暮れた。


転機は小学五年生の二学期に訪れた。

その日、博子さんが学校から帰ってくると、家の前に警察のパトカーが数台停まっていて、警察官が何人も慌ただしく出入りしていたのだった。

鑑識官らしき人たちや私服刑事の姿もあり、あたかも刑事ドラマの一コマのようだ。

門が黄色いビニールテープで封鎖されていた。首を伸ばして玄関の方を透かし見ると、戸口で警察官と話していた母が、パッとこちらを向いた。

「あっ、娘が帰ってきました！」

母と話していた警察官が、かたわらにいた女性に目で合図を送った。こっちを向いた彼女のお腹がはちきれんばかりに膨らんでいたので、博子さんは呆気に取られた。

「博子ちゃんかな？　ここは邪魔になるから、こっちへ来て」

手招きに従って庭へ向かいながら、博子さんはひたすら混乱していた。

何があったの？　事件？　妊娠したこの人は、刑事さん？

唖然としていると、その女性は亀石に片足を乗せて立ち止まった。

悪気のない動作に見えたが、水晶の亀が土足で踏まれた瞬間、なんてことをするのか、と博子さんは慄いた。

「聞いて。あのね、おうちに泥棒が入ったの。この辺りで誰か変な人を見たことない？」

優しい口調でそう訊かれたが、答えるどころではなかった。

この瞬間、信じられない現象が起きていたのだ。

女性の足の下で、踏みつけられた甲羅の色が、次々に移ろっていく……。

透き通ったガラス質の緑から、人の肌のような象牙色に変じたかと思うと、次に黒い雨雲が石の奥から生じて、墨を流したようなまだらを甲羅に描いた。

どす黒く変化した亀は、ひどく不吉に思えた。

「どうかな？　最近、おかしな人を見かけなかった？」

博子さんは「何も知りません」と答えるのが精一杯だった。

この人とお腹の赤ちゃんに悪いことが起こらなければいいが、と、それればかり考えていたそうだ。

後に博子さんは、家に入った泥棒は、当時、その界隈に出没していた、白壁の洋館風な家ばかりを狙う、通称「一〇七番」という窃盗団だったことを知った。

母屋の窓ガラスがガラスカッターで切られ、母の桐箪笥《きりだんす》の隠し抽斗《ひきだし》にあった貴金属類がすべて奪われていた。

しかしその他には、家中が土足で荒らされていただけで、盗られたものがなかった。

踊り場の書棚にある祖父のワニ革の財布も無事に済んだのは、とても意外なことだった。

祖父は、急に現金が入用になったときのためだと言って、その財布に一〇〇万円以上ありそうな厚みのある札束を挟み、それを覆いもせず紐も掛けずに無雑作に本の上に置いていたのだ。薄暗い踊り場で、ピカピカしたエナメルのワニ革はよく目立った。隠し抽斗を見つけた泥棒が、手に取らなかったのには、何かわけがありそうだった。

踊り場に足を踏み入れたとき、彼らは怪しいものを見て、逃げ出したのかもしれない。

博子さんはそう思わないではいられなかったという。

空き巣に入られてから、なぜか母屋の空気が明るくなった。

澱んで何かが濃密に溜まっている感じも消えた。

居間、階段、踊り場、どこからも怪しい影が拭い去られ、亀石も、いつの間にか元の美しい姿に戻っていた。

——母屋を席巻していた禍々しいものを、誰かが図らずも連れていってくれたのだ。

亀石を踏んだ刑事か、彼女のお腹にいた胎児か、それとも泥棒たちが、背負っていった。

「私の中学校進学を機に、私たち家族は、神奈川県の横浜市へ引っ越しました。

その際、祖父は、母屋だけではなくアパートまで、目黒に持っていた不動産をすべて売却して、水晶の亀も庭に置いてきてしまいました。

祖父だけではなく、私たち全員、綺麗さっぱり、心機一転という気分でした。

横浜に来てから何も変わったことが起きなかったので、あの亀も置いてきて正解だったのだと思いました」

転居からしばらくして、前の家で暮らしはじめた人から、祖父に電話がかかってきた。

「庭石は要らないのですか？　是非、取りに来ていただきたいのですが……」

この頃、祖父は耳が遠くなっていて、電話の音量を最大にしていたため、そばいた博子さんにも会話が筒抜けになった。

亀石のことだ、と、ピンときた。

祖父は断った。しかし先方はあきらめず、苦情とも泣きついているとも取れる調子で、「正直なことを申し上げると困っています。想いのこもった石なのではありませんか？」と、訴えた。

けれども、祖父は「そちらで処分してください」の一点張りで押し通したのだった。


《先日はお忙しい中にもかかわらず私の話をお聴きいただいて、本当にありがとうございました。こうしてメールをさせていただけるご縁を光栄に存じております。

あの土地から私たちが去った後に誤った場所に化坂の区碑が立ち、「ハケを化けと言うようになった」などと説明されているのを最近になって知りまして、この機会に本来の化坂の場所と謂れをお話しできることにも、因縁を感じた次第です。

祖父は私が二〇歳の頃に他界し、父もすでに故人となり、母は老人施設に入所しました。

また何かお役に立てることがございましたら、ご連絡を頂戴できれば幸いです》

――博子さんからの私信

犬鳴山トンネル

犬鳴山《いぬなきやま》トンネルは大阪の泉佐野市《いずみさの》にある。ときどき、ここを殺人事件があった所だと勘違いされている方がいらっしゃるが、凄惨なリンチ殺人事件があったのは福岡県の犬鳴峠にある旧犬鳴トンネルで、別の場所だ。大阪の犬鳴山トンネルで人殺しがあったという話は聞いたことがない。……にもかかわらず、有名な心霊スポットになっている。

優茉《ゆま》さんと伽耶《かや》さんは、心霊スポット巡りという共通の趣味で結ばれた友人同士だ。

八月の深夜零時、二人は犬鳴山トンネルを訪ねた。

大阪屈指の怪奇現象多発地帯として、犬鳴山トンネルにはさまざまな噂がある。

トンネルの入り口に、少女もしくは少年の幽霊が佇んでいる。または、トンネルの近くに車を停めると妖しい女が窓をノックして、「車に乗せてもらえませんか」と頼む、等。

トンネルを通過中にバックミラーを見てはいけないとも言われている。バックミラーに少年の霊が映っているというのだ。目にすると障りがあるらしい。

優茉さんと伽耶さんは、「犬鳴山トンネルの真ん中に車を停めて、窓を全開にし、エンジンを止めると幽霊が現れる」という噂を検証してみた。

薄暗くて如何にも出そうな気配だったが、一〇分待っても何も起きない。

優茉さんはしびれを切らし、伽耶さんに「帰ろう」と促そうとした。

しかし、彼女は口を開きかけたままフリーズすることになった。

頭の中で赤ん坊の泣き声がしたのだ。しかも、頭蓋骨が割れそうな大きな声で！

泣き声が聞こえだした直後に伽耶さんが「行こうか」と言ってくれなかったら、思い切り悲鳴をあげていただろう。

トンネルを出たら、赤ん坊の声がいきなり止んだ。

しばらく走ると、道端に自動販売機があったので、そこで一息入れることにした。

飲み物を買って再びシートに落ち着くまで、二人とも無言だった。

しばらくして、伽耶さんが前を向いたままヒソヒソと、「さっき、トンネルで赤ちゃんの声を聞いた」と優茉さんに打ち明けた。

優茉さんは驚いて、「私も！」と応えた。

その途端、車の真横にあった街灯の電球が、ボンッと破裂して暗くなった。

犬の棲み処

《紀伊の猟師が犬を連れて、当山の行場《ぎょうば》「蛇腹《じゃばら》」附近で一匹の鹿を追っていました。猟師の傍の大樹に大蛇がいて猟師を狙っていましたが、猟師はそれに気づかず弓をつがえ、鹿に狙いを定めて射ようとしたとき、猟師の犬が急にけたたましく吠えだしました。犬の鳴声におどろいた鹿は逃げてしまい、獲物を失った猟師は怒って、腰の山刀で吠え続ける愛犬の首に切りつけました。犬は切られながらも大蛇めがけて飛び上がり、大蛇の頭に噛みつき、猟師を助けて大蛇と共に倒れました》

——犬鳴山七宝瀧寺《しっぽうりゅうじ》ホームページ「山号・犬鳴山の由来と義犬伝説」より抜粋

東京都在住の幹也《みきや》さんは、仲間三人と車二台に分乗して、午後の早いうちから大阪の犬鳴山を訪れた。

秋晴れの散策日和だった。明るい駐車場に車を停めて、徒歩で見物して回った。

犬鳴山は、犬鳴川を中心とした辺り一帯の山域の総称で、優れた景観を誇る渓谷や温泉、修験道の霊場などがエリア内にあり、見所が豊富なのだ。件の霊場を有する七宝瀧寺の山号「いぬなきさん」が名の由来で、七宝瀧寺も古い歴史を誇り、訪ねる価値がある。

夜遅くまで楽しんで、満足したところで、再び車に乗って府内のホテルに引き揚げた。眠りに就いたときには何ら異変を感じなかった。

しかし翌早朝、幹也さんは右脚の痛みで目を覚まされてしまった。見れば、膝の右横が少し腫れている。覚えがないが打撲傷を負ったかのようだ。立ちあがると、右脚を下に引っ張られる感覚があり、危うく転びそうになった。犬がズボンの太腿の辺りをくわえて引いているようだった。幹也さんは、去年まで大型犬を飼っていたから覚えがあった。しかし、犬など居ない。

仲間と別れて、ホテルの近くの形成外科で診察を受けた。

けれども、レントゲンまで撮ってもらったのに原因がわからなかった。医師によれば、確かに膨らんでいるが、打撲傷ではないとのこと。下に引っ張られることについては、錯覚、幻覚の類だと指摘されてしまった。

でも、痛むし腫れているし、本当に引っ張られるのだ。どうしても納得がいかない。

そこで、帰京後に有名な医大を訪ねて、権威ある形成外科医に入念に調べてもらった。

ところが、ここでも匙《さじ》を投げられてしまった。外傷でも腫瘍でも感染症でもないことが明らかになっただけである。

せめて痛みだけでもなんとかならないかと思ったが、病院で貰った痛み止めがまったく効かなかった。試しに市販の鎮痛剤を服用してみたけれど、これもサッパリ、駄目である。

幹也さんは次第に衰弱してきた。

当たり前だ。痛みのせいで安眠できず、昼間も絶えず右脚を下に引っ張られるのだ。未だかつて味わったことのない凄まじいストレスで、それこそ気が変になりそうだった。家に籠りがちになり、独り暮らしだから誰とも会話しない、孤独な日々が続いた。会社勤めでもしていたら無理にでも出勤した結果、仲間の助けが得られたのかもしれないが、あいにくと幹也さんの職業は画家である。

だんだん、死んだ愛犬のことばかり考えるようになった。

およそ一年前に腎臓病で逝ってしまったのだ。まだ四歳だった。名前は、レムたん。

彼は、ふと、レムたんの霊が遊びたがっているのかもしれないと思いつき、レムたんのお墓をお参りしてみた。代々の墓がある墓所の隅にある、地蔵菩薩の祠がそれだ。

幹也さんにとって、レムたんは家族同然だったのだ。

生前好きだったバナナと粗挽きソーセージを供えて、レムたんの魂の安らかなることを真剣に祈った。声を出してお経も唱え、脚が治ることを期待した。

……しかし、一向に快復しない！

困り果てた幹也さんは一計を案じ、芸能界に伝手のある知人に頼んで、除霊や霊視をよくする人を紹介してもらった。いわゆる霊能者だ。知人によれば、その人はテレビのバラエティー番組に出演したこともあり、有能、というふれこみだった。

家の近所のファミリーレストランに招いて会ってみると、少しも胡散臭さのない、落ち着いた佇まいの四〇代の女性だった。

さっそく相談しようと思ったところ、切り出す前にズバリと指摘された。

「犬が憑いていますよ」

やはり、と、幹也さんは身を乗り出した。

「ラブラドール犬ですか？（レムたんはラブラドールレトリバー種だった）」

「その犬も、います。でも、それだけではなく、六頭か七頭、右脚に喰いついています。あなた、大阪に行きましたか？」

霊能者とは凄いものだ。驚嘆しつつ、幹也さんは「行きました」と、素直に答えた。

「犬鳴山でしょう？　あそこは霊の溜まり場です。あなたみたいな人は、行ってはなりません。二度と近づかないようにしてください」

「なぜですか？」

「今のあなたは隙だらけです。祓う力が弱まっている一方、中途半端に霊を感知する能力は残っているため、低級霊を引き寄せてしまうのです。千手観音を信仰していた母方のおばあさまがいらっしゃいましたね？　その方は強い霊力の持ち主で、あなたもその力を受け継いでいます。でも、何のせいかわかりませんが、せっかくの霊力が薄れてしまったのですね」

幹也さんの母方の祖母は、たしかに千手観音を深く信心していて、非常に鋭い勘の持ち主だった。祖母の予感は必ず的中したものだ。

そして、祖母は生まれつき両耳が聴こえない人だった。

幹也さんも軽度の難聴で、勘の良さには自信があった。

「あなたのワンちゃんは、悪さをしている動物霊から、ご主人さまを護るために、わざわざ出てきてくれたのです。……少し触りますよ」

どうぞ、と、テーブルの下で右足を伸ばすと、彼女が膝に触れた。

手の温もりが患部に伝わるや否や、たちまち痛みが和らいだ。

幹也さんは、もう犬鳴山には行かないぞ、と、胸に誓った。

最後に、なぜ犬鳴山だとわかったのか彼女に訊ねたところ、霊の在所を霊視したのだと教えられた。すべての霊には、帰属する土地などが刻印されているのだという。

幹也さんに憑いていた犬たちは、一頭を除き、大阪の犬鳴山に帰っていったのだ。

〇三〇五

福岡県の大学二年生、健二《けんじ》さんは、夏休みに仲間たちと肝試しに行った。訪れた先は、泣く子も黙る犬鳴峠。メンバーは、健二さんの彼女と彼女の先輩である三年生の男子学生、彼女の女友だち、それから健二さんの、計四名。先輩が車を出してくれて、運転も担当してもらえることになった。自然な成り行きで、健二さんは助手席に、女の子たち二人は後部座席に座った。

雰囲気を堪能するために夜も遅くなってから福岡市を出発し、先に犬鳴峠のダム湖などを見物して、旧犬鳴トンネルに到着したのは丑三つ時のことだった。

旧犬鳴トンネルは、第二次大戦中に朝鮮人や戦争捕虜を使役して造られたそうだ。それだけでもヤバそうなのに、さらに、一九八八年に凄惨なリンチ殺人事件の舞台になったというわくつきの場所だ。

その事件たるや残酷このうえないもので、なんでも、二〇歳の青年一人を五人がかりで、バールで袋叩きにし、石で頭を割り、ガソリンをかけて焼き殺したのだという。

言うまでもなく、ここが本日のハイライトだった。

きっと出る、と、健二さんたちは期待していた。

このトンネルは現在、封鎖されていて通れない。出入口に蓋をしている板の前で車から降りて、藪蚊に喰われながら幽霊を待った。

……が、何も起こらない。

しばらくして、「裏道を通って帰ろうよ」と、先輩が提案した。

前にも来たことがあり、裏道を知っているというのだった。

そこでまた車に乗った。

裏道はひどく狭く、車が二台すれ違えるかどうか怪しかった。おまけに霧が立ち込めていた。まばらに街灯があったけれど、濃霧に滲んで、道を照らす役に立っていない。

先輩がヘッドライトをハイビームにした。

すると、霧の中にフッと人影が浮かびあがった。左前方の路肩を歩いてくる、ようだ。

奇妙だ。時計は午前三時五分を指している。この時刻に歩行者がこんな場所に……。

健二さんは驚いて目を凝らした。見間違いかもしれないと思ったのだ。しかし、接近するにつれて、それが紛れもなく人間で、冬服を着た男性だと確信するに至った。

茶色いダッフルコートを着て、こちら向きに歩いている。頭頂部の付近まで禿げあがった中年の男で、幽霊らしさは皆無だが、真夏に冬支度は違和感がある。

「えっ?」と、驚いているうちに、行き過ぎてしまった。

急いで振り向くと、路肩には闇が凝っているばかりで、男は消えていた。

「今の！　見た?　ダッフルコートのおじさん！」

健二さんは我に返って大騒ぎした。しかし、彼女たちも先輩も首を傾げるばかり。

「さっき、いたでしょ！　ハゲたおじさんが真夏なのにコートを着て歩いてたよね?」

「バカ言うな」と、先輩は彼を否定した。「そんなの、いなかったよ。いたら気がつく」

「いやいやいや！　いたんだよ！」

結局、見たのは健二さんだけだった。

それから数日間は何事もなく過ぎていった。

忙しさに取り紛れてダッフルコートの男の記憶が少しずつ薄れてきた頃、下宿しているアパートで眠っていたら、急に寝苦しさを覚えて目が覚めた。

枕もとにある時計を確認すると、午前三時五分。

朝まで熟睡するたちなので、こんな時刻に目を覚ますのは珍しい。

どうして……と、室内を見回してみたら、テレビの画面が青く光っていた。

電源が入っているのだ。寝る前に消したはずなのに。

テレビのそばにリモコンが落ちている。そうそう、あそこに置いたんだよ、と、健二さんは思いながら仕方なくベッドから降りて、

「え？」

と、凍りついた。

体の向きを変えた瞬間、ベッドを寄せた壁が視界に入ったのだ。

そこに、自分以外の男の影が映っていた。自分の、隣に。

テレビの明かりに映し出された影だ。だから、テレビと壁との間にもう一人いなければおかしい。だが、自分以外、誰もいない。

そのとき、トンネルの近くで冬服の男を見たのと、今が同じ時刻なことに思い至った。

健二さんは震えあがってベッドに引き返し、タオルケットを頭に被って目をつぶった。

……とてもではないが、眠れるわけがなく、まんじりともせずに朝を迎えた。

以降、彼は、また午前三時五分に怪異に遭遇するのではないかと恐れるようになったが、今のところは、あれから何も起きていないということだ。

ヘアスタイル

午後六時、健二さんと彼女は、一緒に福岡市内の路線バスに乗り込んだ。

季節は冬の初めで、すでにとっぷりと日が暮れていた。

天神駅行のバス停にいる健二さんたちの姿を認めたとき、運転士が、なぜか非常に安堵した顔になり、いかにもホッとしたという雰囲気を全身で表した。

車内には運転士以外、誰もいないようだが……。

タクシーではないのだから乗客が無くても給料に響くわけではなかろうに、と、少し不思議に感じながら、車体中央の乗車口から乗って、最後尾の座席に並んで腰かけた。

すると、いちばん前の左側の座席に、女性が座っていることに気がついた。

パーマをかけて波打たせた漆黒の長い髪が、真っ赤な上着の肩にかかっている。赤と黒の対比が鮮やかだ。こんなに華やかな人なのに、乗るときは全然目に入らなかった。

彼女と一緒だったからかな、と、健二さんは隣の彼女の手を握った。

「ひとり、乗っていたね」と、彼女が彼に囁きかけてきた。

「そうだね」

そのうち、バスが出発した。途中に幾つか停車場があったが、誰も乗ってこないまま、とうとう終点に着いてしまった。

「最後まで三人だけだったね」と、健二さんは彼女に囁いた。

「そうね」

二人は座席から立ちあがり、通路を前方へ歩きだした。そして、ICカードで運賃を精算する段になったのだが。

「あの人、いないね？」

「本当だ！」

二人は運転士の表情を探った。運転士は、ぎこちなく微笑んだだけで何も言わなかった。

健二さんと彼女は、軽い興奮に包まれながら、バスを降りた。

「ついに見ちゃったね！　赤い服に、パーマの黒髪で、生きてる人間そっくりだった！」

健二さんがそう言うと、彼女は怪訝な顔をした。

「パーマ？　黒髪？　何を言ってるの？　茶髪のストレートヘアだったじゃない！」

吊革

佑真《ゆうま》さんと彼の妻は、その夜、上野の東京国立博物館に行く約束をしていた。博物館は夜の九時まで開いている。平日だったが、お互いに仕事を早めに切り上げて、七時に地下鉄の中目黒駅で待ち合わせた。

中目黒は日比谷線の始発駅で、並んで座席に腰を落ち着けることが出来た。ここから上野駅までの三十数分間、乗り換える必要がない。

佑真さんはさっそく、最近買った文庫本を鞄から取り出して読みはじめた。

読書に集中しようとした……が、電車が動きだしてから一分も経たないうちに、妻に肘で脇腹を小突かれた。

「見て。私たちが乗ったとき、向かい側に人が立っていたでしょ？　それが……ね？」

妻が言うように、乗車した直後には、向かいの長椅子席の前に三、四人が立ち、吊革につかまっていたように思われた。

しかし、どこに移動したのか、今は誰も立っておらず、空いた吊革が整然と並んでいる。

ただ、佑真さんの正面にある一つだけが、前後に激しく揺れていた。

まるで振り子のようだ。

次の駅に停車して乗ってきた人々に視界を遮られるまで、たっぷり一分以上、揺れつづけていた。その間、見てみぬふりをする者、目を背ける者、あからさまに注目する者、乗客の反応はさまざまだったが、誰ひとり、問題の吊革に触れようとしなかった。

恐冷房

今から一五年前の夏、佑真さんと妻が新居を探していたときのことだ。

新婚家庭に相応しい賃貸マンションを……と、思っても、佑真さんたちには具体的なイメージが湧かなかった。都内の何処かでということ以外、どこに住むかも思いつかない。

そこで全国チェーンの不動産屋を訪ねて、ありのままを打ち明けた。

すると、緑が豊かで、交通の便に優れ、再開発が進んで住環境が整っているから、と練馬区を勧められ、練馬区内で物件巡りをすることが決まった。

「ま、一軒目は、イメージ作りだと思ってください！」

そう言われて、まず連れていかれたのは、中古マンションの一室だった。

ベランダ付の3ＬＤＫで、押し入れと床の間付きの和室があるのが特徴だという。

しかし、玄関に入って驚いた。

寒い。凍えそうな寒さだ。

カーテンの無い窓から、容赦なく夏の陽射しが差し込んでいるというのに、なんだこの冬の雪山みたいな温度は……。
妻と顔を見合わせていると、不動産屋の案内人がギョッとするようなことを呟いた。
「クーラー、要りませんね」
信じ難いことに、案内人は平然としていた。それで、ますます鳥肌が立った。
異常に冷え切った部屋を、見てまわった。
最後が、この物件の目玉、六畳の和室だった。
案内人が襖《ふすま》を開けると、凍えるような冷気が勢いよく噴き出してきた。
ここには入りたくない。佑真さんは首を伸ばして和室の中を覗き込んだ。
気がつくと、妻も同じようにしている。
案内人は平気なようすだ。畳を踏んで歩きまわり、押し入れの襖を開けた。
押し入れの上部に戸袋があり、左端が閉じ切っていなかった。
隙間の奥が、暗い。佑真さんは、そこから目が離せなくなった。
あれが冷気の出所だという気がした。内側から、今にも何かが現れそうである。
ドキドキしていると、案内人が言った。
「ま、こんな間取りと広さを参考にして、次、行きましょう！」

何の音

浅草へ行ったら、雷門で有名な浅草寺と三社祭《さんじゃまつり》で知られる浅草神社は、たいがい誰でもお詣りする。佑真さんと妻も、この二つは何度も訪ねたことがあった。しかし最近、浅草神社の裏にも神社があることを知った。

被官稲荷《ひかんいなり》神社というお稲荷さまで、出世にご利益があるのだという。

これは是非とも行かねばならぬ、と、夫婦で意見が一致し、さっそく訪ねた。

江戸時代の安政年間に建てられたとか。行ってみたら鳥居などは建立当時のままだそうで、かなり古い。関東大震災や第二次大戦の空襲で辺り一帯が焼け野原になったのに、ここだけは無事だったというのは、神がかりなことだ。

さぞ、ご利益があることだろう。

二人で並んで柏手を打った。

パン、パン。

すると間を置かずに、正面にある祠の奥から変な音が聞こえてきた。

ポニョン、ポニョン。

「何、今の？」と、妻に訊かれたが、わかるわけがない。

試しに佑真さんは、一人でもう一度、手を打ち鳴らしてみた。

パン、パン。

ポニョン、ポニョン。

……さっきと同じだ。柔らかい音で耳障りは悪くないが、何の音だか見当がつかない。

「何かに反響しているのかしら？」

妻も再び、パンパンと柏手を打った。

ポニョン、ポニョン。

周りを観察しても、そんなふうに音を反射しそうな物は見当たらなかった。不思議だったが、あらためて二礼二拍手一礼し直して、神社を後にした。

後日、夫婦でまた被官稲荷神社をお詣りしたけれど、あの音はしなかった。では、前回のあれは奇跡だったのか……。待っていれば、ご利益らしい幸運が訪れるかもしれない。

まだ何の音沙汰も無いけれど。

彼岸無線

神奈川県川崎市に七つある行政区のうち、西端に位置する区に、某私鉄沿線の駅がある。

この駅では、午前三時に司令無線が流れるのだという。

司令無線とは、全線及び他社の運行情報を管理している司令所から駅員に向けて発信される、鉄道無線のアナウンスのことだ。

新米駅員の和生《かずお》さんが、初めて一人で非番増務（乗務員用語で残業のこと）に就いていると、無線機のスピーカーが突然、ザーッと鳴りだした。

昔のテレビの砂嵐みたいな音だ。

とっくに終電が終わっていて、司令所から何か報告してくることなど、あるわけがない。

しかし、とりあえず聴くことにした。

何秒かして、砂嵐の奥からボソボソと何か喋っている声が聞こえはじめた。

大勢の人間が、隣り合う者同士で、てんでに会話しているようだ……。

ゾッとして部屋から逃げ出しかけた途端、スピーカーが鳴りやんだ。

翌朝、出勤してきた先輩駅員にこの話をしたところ、驚くでもなく、「知ってる」という返事。

「この駅、墓地の跡地に造られたんだって」

ここの路線が開通したのは七〇年代のことだ。土地が買収された時点では更地になっていたが、その前には広大な霊園があったのだという。

「安かったんじゃない？　土地が。この駅、元墓地のど真ん中なんだって」

それを聞いて、和生さんは、自分たちが無数の群衆に取り巻かれているような気がにわかにしてきた。

鉄道運転士の〝業〟

「皆さんが思う以上に、鉄道自殺は多いんですよ」

鉄道運転士の建太郎《けんたろう》さんは言う。ご自身も一度だけ、電車で人を轢いてしまったことがあるそうだ。

「直後に、生臭いような、焦げたような臭いが、運転席の中まで流れ込んできました」

走行中、急に線路を横切ろうとした人がいた。慌てて停止したが間に合わず、両脚がほとんど轢断されたうえに全身の骨が砕けて、即死だったという。

亡くなったのは近くで農作業中の男性だったことが、後からわかった。

なぜ走っている電車の前に飛び出してきたのかは、最後まで不明なままだった。

事故ではなく、自殺だったと信じたかった。

故意に轢いたわけではないし、また、こちらがどう注意しても避けられるものではなかったとしても、死ぬつもりがない者の命を絶ったと考えるのは耐えがたいものだ。

死にたかった者が初志貫徹して死んだのだと思う方が気が楽なのだ、という。

建太郎さんは、それでも自分は好運な方だと思っている。

彼は、高校卒業以来ずっと四国のローカル線に勤務してきた。運転士歴は二五年だ。これほど長く勤めているのに、轢いたのが一人だけというのは珍しいからだ。

「定年退職するまでに七、八人も轢く運転士もいます。昨今は警察と救急が全部やってくれますが、私が新米運転士の頃は、駅員だけじゃなく、車掌や運転士まで、轢死《れきし》した遺体を拾う手伝いをさせられたものです。

自分たちが死なせた人の体……それも、たいがいは二目と見られない、酷いありさまになっているのを拾うのは、心の一部を麻痺させないと出来やしませんでした」

鉄道運転士は、翌朝の始発電車にそなえて、前夜は始発駅に泊まることが多い。駅には宿舎が付属しており、運転士の他に、車掌や整備士も利用する。建太郎さんの勤め先はローカル線であるがゆえに、宿舎に泊まる人員も少ない。

一晩に、多くても一〇人前後、ほとんどの場合は三、四人しか宿泊しない。

ある夜、某駅宿舎に泊まったときのこと。

水の底から浮きあがるように意識が覚醒したのだが、仰向けになったまま、体がまったく動かせなかった。

これが噂に聞く金縛りというものか、と、軽く感心した。

目が覚めてしまった原因は、すぐにわかった。

部屋のすぐ外の廊下を、大勢の人々が行き交っているのだ。

薄い壁を通して、足音や話し声が伝わってくる。

眼球だけは自由になったから、ベッドのサイドテーブルに置いた目覚まし時計を横目で見たら、午前三時ちょうどだった。

事件か事故があったのだろうか。

今夜は、自分を入れて三人しか泊まっていないのだ。

それぞれ別の部屋で寝ることにして、ベッドに入ったときには、宿舎はシンと静まりかえっていた。始発を出す運転士や車掌は皆、早寝するものだから……。

廊下が声と足音で溢れている。必死に耳を澄ますが、会話の内容は聴き取れない。切れ切れに「だ」や「う」や「ああ」と男や女の声がするだけだ。

気ばかり焦る。と、突然、部屋の空気が動いた。

扉が開いた気配はなかったが、室内に侵入されたと直感した。

目玉を必死に人の気配がする方へ向けたところ、三人、ベッドの足もとに立っていた。真ん中の人物がベッドに乗りあげてきた。この人だけ、顔が見分けられた。見知らぬ、痩せた若い女だ。髪が長く、ネグリジェのような白いドレスを着ている。あとの二人は、後ろに引っ込んでいるので、性別すらわからない。

女が、こちらを睨みつけながら迫ってきた。逃げることが出来ないまま、左右の手首をガッチリと掴まれる。ひどく冷たい手だ。それに、男のような力である。

慄くばかりで声も出せない。眼球だけギロギロと動かしてみたものの、女は意に介すようすもなく、掴んだ手首を、グイーッと引っ張った。

勢いよく引き起こされる。垂直に上半身が起きたところで、パッと手を放された。

仰向けにベッドに倒れた。頭が枕に墜落して激しくバウンドする。

すると、また女は手首を掴んでグイーンと引っ張り、起こした途端にパッと放した。

シーソーのように、これが少なくとも一〇回は繰り返された。

全身が脂汗にまみれ、意識も朦朧《もうろう》となりながら、もう勘弁してくれと心の中で叫んでいたところ、現れたときと同じように、侵入者たちは唐突に消えた。

それと同時に金縛りが解けた。

震えながらベッドから下りて、部屋の明かりを点けた。

ベッドに入る前と何も変わった点がなかった。廊下にも出てみたが、あれほど多くの人が往来していたはずが、嘘のように静かで、誰の姿もない。

時計を見ると午前三時半だった。目覚めたときから三〇分経っている。

シーリングライトを点けたまま、ベッドに潜った。

眠れる気がしなかった……が、目覚まし時計に叩き起こされたので、少し混乱した。夢だったのかとも思ったけれど、シーリングライトが点いていた。

その後、廊下を歩いていた沢山の男女や、部屋に侵入してきた三人、特にあの女の正体について、建太郎さんは、幾つか推理を立てようとしたのだという。

件の某駅宿舎は、江戸時代の処刑場跡地に接して建っているそうだから、刑死した人々の怨霊が出没したのかもしれない、とか。

女については、なんとなく、電車に飛び込んで自死した人のような気がしたが、自分は轢いた覚えがない。そこで、もしかすると、轢死した人々の霊が、運転士や車掌に取り憑いて運ばれ、宿舎に溜まっているのではないかと思ったのだという。

同僚たちの多くが似たような経験をしている、とのことだ。

孤独なガンマン

ハウスクリーニング・サービス業を営んでいる裕《ひろし》さんは、原則として、特殊清掃は請け負わないことにしている。ご遺体の痕跡を拭い去って部屋の原状回復を目指す特殊清掃は、固有のスキルを必要とする。畑違い、と思っているそうだ。

しかし、断り切れずに引き受けてしまったことが一回だけある。

収入の面でも人脈づくりに於いても、ひとかたならず世話になっている企業の会長から、じきじきにお願いされてしまったのだ。

会長によれば、亡くなったのは彼の「右腕」の兄。「右腕」は仕事には欠かせない存在で、家族も同然に思っている。それが非常に困っているから助けたいとのことだった。

……ハハァ、いい業者を知っているから紹介すると勝手に言ってしまったんだな。

と、ピンときた。しかし、もう特別にやってあげるつもりになっていたから何とも思わず、件の右腕たる会社役員の案内で、物件を下見させてもらうことにした。

会ってみたら、「右腕」は中年の女性であった。好調な企業の役員らしく身なりがパリッとしている。

話しはじめると、すぐに頭の回転が速い人だとわかったが、問題の故人のことになると急に歯切れが悪くなった。

「亡くなったおにいさんは、誰かと一緒に住んでいらっしゃいましたか?」

「……さあ。死んだときには独りだったようですが……」

「お亡くなりになったのは何日前なのでしょう?」

「……死後一〇日ぐらい経って発見されて、それが一週間前のことなので……」

厭な予感がした。今は五月中旬。遺体は、かなり傷んでいたに違いない。

部屋の中に入る前に、確かめておきたいことがあった。

「死因を聞いてもいいですか?」

たとえば首吊り自殺は、排泄物を垂れ流しながら死ぬそうだから、だったら覚悟が必要だと考えていたのだが、「心臓発作で急死したようです」との答えに胸を撫でおろした。

しかし、すぐに彼女は「でも、腐乱が進んでいたので、臭いが……」と付け足した。

やはり、と、裕さんは憂鬱になった。

部屋に足を踏み入れると、ますます気が滅入った。遺体の腐敗臭と生ゴミの腐った臭いが混然一体となって充満する玄関で、室内に向かって一礼して手を合わせた。

あらかじめ、ビニールキャップや、手袋とマスク、靴に被せるビニール袋を二組、用意してきたのだが、正解だったと思った。

臭いも厭だが、腐乱死体があった場所では、感染症に罹患する危険があるそうだから。

ここは古い二階建てアパートの一室だ。台所と水回りを除けば、四畳半が一間あるだけ。

もしかして無職だったのだろうかと考えながら、会社役員の方を振り向くと、鼻をハンカチで押さえて顔をしかめていた。

「どんなお仕事をされていたんでしょう?」

「最後は、タクシー運転手だったと思います。なぜ、そんなことを?」

「いえ、ちょっと知りたかっただけです。失礼しました」

シングルベッドの横の床に、ドス黒い人型が残っていた。ここで死んだのだろう。

部屋の隅に仏壇があり、厄介だと思った。廃棄する前に魂抜きをしなければならない。

室内は、まんべんなく散らかっていた。長期間、掃除や片づけをしなかったようだ。

「これは、人海戦術でやるしかないかな」

思わず呟いた独り言だった。

しかし「ええっ?」と、過剰な反応が返ってきた。

「駄目です！　そんな話は聞いていません！　他の方は呼ばないで！　兄のことは、なるべく人に知られたくありませんので！」

なるほど、と合点がいった。これが会長個人の伝手で依頼してきた理由だ。なぜなら特殊清掃業者は複数のスタッフで一気に作業するのが普通だから……。

翌日、見積を送った。スタッフを雇わない代わりに日数がかかると告げたが、すんなり通った。六月一日に大家に引き渡せる状況にするという契約を交わし、さっそく清掃に取り掛かった。約二週間で原状回復しなければならない。

初日、一時間も作業をしないうちから、体調が悪くなった。

たいして体を動かしていないのに、異常な動悸を覚え、胸を押さえて座り込んでしまったのだ。

健康に問題はないはず。腐臭のせいで心臓がバクバクするなどという話は聞いたことがないが、とりあえず外の空気を吸おう……と、部屋から出た途端、いきなり治った。

室内に戻ると、再び息切れしてきた。しかし我慢して、作業を再開した途端……。

パチッ！

何か、乾いた音が、後ろの方から聞こえてきた。

パチッ！　パチッ！　パチッ！

三、四回、立て続けに鳴った。鳴り止まないうちに音の出所を辿ったところ、どうやら浴室から聞こえてきたようだとわかった。

浴室も汚い。水垢がこびりつき、赤や黒の臭いシミだらけで黴の見本市のようだ。

ただし、物は少なく、浴槽の中に立て掛けてある大きな板がやけに目立った。

戸板ぐらいのサイズで、風呂蓋にしては大きい。たぶん素材はスタイロフォームだ。ＤＩＹ店でよく売られている、硬度と密度を備えた発泡スチロールの一種である。

表面に、直径四、五ミリの穴が無数に穿たれている。

……ＢＢ弾？

子どもの頃、エアガンで遊んだことがあった。ＢＢ弾を装填して土を撃つと、こんなふうに食い込んだ穴が出来たものだ。

板を観察していると、またパチッと音が、今度は間近でして、同時に板が小さく揺れた。

確信は持てなかったが、新たにひとつ、穴が増えたような気がした。

後ずさりして浴室を出た。すると、脱衣所から見て真正面にあの板があることに気がついた。見ている間に、パチッ、パチッと、続けて音が鳴った。

耳もとを、風を切ってBB弾がかすめていったような感じがした。

動悸がぶり返して耐えがたくなったので、この日はこれ以上、作業するのをあきらめた。

翌日は、数珠を着けて部屋に入った。玄関で黙礼して、心の中で般若心経を唱えてみた。信心深い方ではなかったが、少しでも効き目があれば、と、藁《わら》にもすがる気持ちだった。

果たして、昨日よりはいくらかマシで、多少、息苦しさを覚えても動悸はしない。

パチッという異音は、ときどき鳴ったが、無視することにした。

部屋を片付けていくうちに、さまざまな発見があった。通常のハウスクリーニングをしていても、部屋の主の人となりが垣間見えることがある。死者の部屋ではさらに踏み込んで、晩年の生きざまが手に取るようにわかってしまうのだと知った。

ヤニで黄ばんだ壁とカーテンに染みついた臭いから、ここに住んでいた人が喫煙者だったことが読み取れた。禁煙を試みていたようで、禁煙ガムの残りがあった。

彼は、数年間、病院の心臓内科に通って、処方してもらった薬を服用していた。机の抽《ひき》斗《だし》から、日付の入った薬の空き袋や薬の説明書が大量に出てきたから明らかだ。

また、最近は外科にも通院していた。業務中の交通事故で怪我をしたのだ。

タクシー会社の給与明細や手紙、健康保険会社から送られてきた書類も、机に置きっぱなしになっていた。仕事を休みがちになり、タクシー会社からは、契約更新を見送る旨を通告されていたようだ。保険会社とも事故の件で揉めていたらしい。

怪我の後遺症の鞭打ちと腰痛に苦しみ、鎮痛剤を常用しつつ、彼は世間と闘っていた。

パチッ、パチッと、ＢＢ弾が、また鳴っている。

モデルガンやエアガンが約三〇丁も、押し入れに大切にしまわれていた。ケースに収められ、分類もされて、乱雑な部屋の中で、唯一、整理整頓されていた部分だった。

ＢＢ弾の買い置きも大量にあった。その他に、銃器専門誌のバックナンバーが数十冊も。

彼は、ガンマニアだ。

浴室の板にＢＢ弾を撃ち込むことが、唯一の気晴らしだったのかもしれない。

エアガンを撃つ音は、止みそうになかった。

裕さんは、最後に仏壇を片づけた。

位牌がひとつもない、不思議な仏壇だ。自分のために買ったのだろうか……。

仏壇の抽斗に残されていたものからわかった宗派を手掛かりにして、同宗派の地域支部に連絡を取り、住職を呼び寄せて魂抜きをしてもらった。

遺族である女性役員に、立ち会ってくれるように声を掛けたのだが、素気なく断られた。しかし、故人をよく知っているという同じ教団の男女が三人ばかり、住職と共にやってきて、一緒にお経をあげてくれた。

彼は事故で怪我をするまでは熱心な信者で、毎週、寺に通っていたそうだ。

裕さんは、ここで死んだ男の姿をありありと思い浮かべられるまでになっていたので、仏壇に向かって手を合わせる人たちの中に、彼が混ざっているような錯覚を覚えた。

今そこにいないことが、むしろ不思議なほどだった。

この日は朝からずっと静かだったが、読経が終わると、一回だけ、パチッと浴室の方から音がした。

最後の弾を撃ち込んで、彼は成仏したのだろう。

音がした直後、にわかに空気が清浄になり、部屋が明るくなったように感じられたそうである。

監視

三〇年ほど前のこと、某所に新しい遊園地が出来た。オープンにあたってアルバイトの募集があり、付近の大学の一年生だった洋一《よういち》さんは、同級生数人と応募した。

全員が採用され、出来たばかりの遊園地でさっそく働きはじめた。

洋一さんは夜間の清掃スタッフになった。一緒にアルバイトに応募した仲間のうち三人も清掃スタッフになり、四人でシフトが重なることが多かった。

当初は何もかもが物珍しく、楽しかった。

閉園後の遊園地に足を踏み入れるのが初めてだったうえに、洋一さんは、同級生と一緒にバイトしたことがなかったのだ。

仕事の手順は簡単で、体力的にきついということもない。良いことづくめ、と思われた。

仲間のうちの一人は、遊園地の建設中に、ここで土木工事のアルバイトをしたこともあって、そのときと比べたら清掃なんて朝飯前だとうそぶいて、こんなことを言った。

「工事現場はキツいし、それに、この辺の地面を掘り返すのは、ちょっと怖いからな」

どういうことか訊ねると、ここには巨大な古墳があったのだという。

「古墳って、お墓だろ？　つまり墓荒らしをしたんだぞ？　案の定、幽霊が出たよ！」

「えっ！　出たの？」

聞けば、自分は見ていないが出たと言っている奴がいる、工事中に発掘した遺物を収蔵した施設にも出るそうだ、というだけの話だった。

洋一さんは「なんだ。くだらない！　ただの噂じゃん！」と、笑いとばした。居合わせた他の仲間たちもゲラゲラ笑った。

すると、皆の笑い声に調子を合わせるかのように、近くにあったカラフルな電飾が点滅しだした。どこかから、楽し気な音楽も聞こえてきた。

四人とも、一瞬、固まってしまった。

しかし、すぐに洋一さんは気を取り直して、「上に報告しよう！」と提案した。

電気系統の故障は大事故に結びつかないとも限らない。だからすぐに報告して、対処してもらった方がいい……。

仲間たちはうなずいて、等しく顔に安堵の色を浮かべた。

そのときは、故障ということで片がついた。

けれども、それからというもの、ほとんど毎晩「故障」が発生した。遊具がひとりでに動きだしたり、電源は落としてあるのに照明が点いたりするのである。

一ヶ月ほど経っても収まらず、これが「故障」なんかであるわけがないと四人とも確信しつつあった、ある夜。

いつものように園内の掃除をしていたところ、広場の隅に、見慣れぬ男が佇んでいた。

度重なる電気系統のトラブルの報告を受けて、ここの運営会社が人を寄越したのだろう。

洋一さんはそう判断して、男の方へ走り寄った。

「すみません！　こちらの社員の方ですか？」

ところが、男は目を合わせようともせず、ぼんやりと立っているだけだった。

気味が悪いので、仲間の方へ急いで戻った。

「なんだ、あいつ？」と、皆に訊いたが、男の正体がわかる者はいなかった。

黙って掃除の続きをしているうちに、いつのまにか男は姿を消していた。

翌日の夜も、同じ男が同じ場所に現れた。

またしても、ボーッと突っ立っているだけだ。

洋一さんたちはヒソヒソと、「ホームレスかな？　どこから入ったんだろう？」「他のバイトだろう?」「上の命令で俺たちを監視しに来た人じゃないの?」などと話し合った。

その後も男は現れた。

三回目か四回目あたりから、洋一さんたちは、あれは此の世のものではないと思うようになった。

それというのも、いつも同じ服装で現れると誰もが思っていたのに、何を着ていたのか思い出そうとすると、四人とも、少しも思い出せないことに気づいてしまったからだ。

普通の男だったという印象が残っているだけで、顔や髪型も、後になってみるとまったく憶えていないのだった。

ただ、それとなく見張られている、という感じがした。

洋一さんたちは遊園地のアルバイトを辞めた。

八王子城跡にて

　八王子城は、後北条氏《ごほうじょううじ》の本拠地・小田原《おだわら》城の支城として、一五八二年、織田信長《おだのぶなが》が明智光秀《あけちみつひで》に誅殺された年に築城されたと伝えられている。その後、天下を狙う豊臣秀吉《とよとみひでよし》が、関東の後北条氏を制するために、前田・上杉・真田軍を送り込んだ。

　一五九〇年、豊臣勢の連合軍により、八王子城は陥落。両軍合わせて一〇〇〇人以上が討ち死にし、城主・北条氏照《うじてる》の妻や侍女は御主殿の滝に身を投げた。討ち取られた首級は二五〇余りに及び、城内の川の水は三日三晩、鮮血で赤く染まったという。

　……と、こういう歴史的経緯があるため、八王子城跡は都内屈指の心霊スポットとなっている。そして心霊スポットとして有名になると、若者たちが遊びに来るものなのだ。

　ある夏、大学二年生の修己《おさみ》さんが、しゃぶしゃぶ屋のアルバイト仲間六人と八王子城跡を訪ねたのも、怪奇現象を目撃したり心霊写真を撮ったり、怯えた女の子が抱きついてきたり、それがきっかけで女の子と親密な関係になったりするのを期待してのことだった。

　車二台に分乗して、真夜中に到着した。

一台は修己さんのボロい中古車で、もう一台はマキタという奴が新車で購入したばかりの白いスポーツカーだ。

マキタは、いい車に乗っているばかりではなく、顔立ちも整っている。

そのせいか、可愛い女の子たちは、みんなマキタの車に乗ってしまった……などということはさておき、案内所のそばに適当に駐車して車を降りた。八王子城址《じょうし》公園の駐車場は午後五時までしか利用できないのである。

あいにくと雨が降っていた。これから傘を差して徒歩で見どころを巡るわけだが……。

全部で七人。そのうち女子は三人。

「二人一組のペアで行かないか？　ジャンケンで組み合わせを決めよう！」

……提案した本人が、まさかジャンケンに負けてどん尻になるとは思わなかった。

修己さんは、ひとりぼっちで先頭を歩くはめになった。

雨降りで川が増水しているのだろう。御主殿の滝に来てみたら、水音がごうごうと脅すように鳴り響いていた。

真っ暗な夜の滝壺の、なんという恐ろしさ。吸い込まれそうな感じがする……と、雰囲気に呑まれていたら、滝の轟音を切り裂いて、「キャー」と女の子の悲鳴が聞こえてきた。

キャーだと？　修己さんはムカついて振り返り、「早く来いよ！」と怒鳴った。

すると、ちょうどそのとき、白っぽい人影が三、四人、皆の相合傘の向こうに現れた。

マキタと自分が車を停めた方へ走っていく。

「あっ」

修己さんがそちらを指差したので、皆も振り向いて、走る者たちに注目した。

そいつらは傘を差していなかった。懐中電灯も持っていないようだ。

地面は雨で滑りやすくて足もとが悪いのに、肩や頭が上下に揺れることもなく、滑らかに駆けていく。

それも、相当な速さで。

飛ぶように。足音も立てず。

——修己さんたちは、言葉少なに帰路についた。

呪われし者たち

大学二年生の修己さんは、しゃぶしゃぶ屋のアルバイト仲間九人と八王子市の道了堂《どうりょうどう》跡を訪れた。

前回、八王子城跡に行ったときは人数が奇数になって、ペアを組んだら自分ひとりがあぶれてしまったのである。今度は偶数、一〇人だ。大丈夫……と、思っていたが、いちばん好きな子がマキタに取られてしまった。くそー、マキタめー。前を歩くマキタに呪いをかけながら、目的地の道了堂跡を目指して、大塚山《おおつかやま》公園の遊歩道を歩いた。

マキタは白い新車のスポーツカーを乗りまわしており、顔面の出来も良いのである。

そう言えば、白い車に乗って道了堂へ行くと呪われるというジンクス（※）があった。

呪われろ、と、修己さんは歩きながらマキタに念を送った。

道了堂跡は、明治期に、この辺りの大商人が、交易路「絹の道」を通行する旅人の安全のために、浅草から道了尊を勧請して建てたお堂の跡である。にぎわった頃もあったが、次第に廃れて、最後は堂守の老婆がたった一人でかろうじて管理していたという。

そして、一九六三年、強盗が老婆を惨殺。

さらに、それからちょうど一〇年後の一九七三年、大学教諭が不倫相手の女性を殺害して、この付近に死体を遺棄した。

おまけに、また一〇年後の一九八三年には不審火で堂宇《どうう》が焼けるという、如何にも因縁めいた出来事があった。

その後、日本一の怪談の語り部、稲川淳二《いながわじゅんじ》が、ここを舞台にした実話怪談「首なし地蔵」を語ったことで、心霊スポットとして全国に名を轟かすに至った次第だ。

深夜である。境内に入り、薄気味悪いお地蔵さんの前で、試しに全員同時に懐中電灯を消してみたら、ぬばたまの闇とはこのことか、と、慄くほどの真の暗闇に包まれた。

「怖ッ！　雰囲気ありすぎるよねぇ！」

一〇人で、おおはしゃぎ。むしろまったく怖くない。

この日はマキタともう一人が運転担当で、彼ら二名を除き全員が酔っ払っていた。

修己さんも、来る前にビールやチューハイを何杯も飲んできていた。

アルコール恐るべし。マキタが好きな子といちゃいちゃしているのを見てイラついた彼は、ちょうど尿意を催したせいもあったが、このとき、とんでもないことを思いついた。

「ようし！　お地蔵さんに、おしっこをひっかけてみよう！」

笑い声とブーイングが相半ばした。「ヤバッ！」「マジで？」「バカじゃないの！」

けれども間もなく修己さんが本気だとわかると、同調者が現れた。

その中には、マキタもいた。

男三、四人で、お地蔵さんを囲んで小便をかけた。

石段を下りるとき、マキタの横に、修己さんの好きな子の姿はなかった。

軽蔑されたのであろう。

この瞬間から、修己さんはマキタのことがそんなに嫌いではなくなった。

ところが明くる晩、しゃぶしゃぶ屋にアルバイトに行ったら、マキタの姿がない。

マキタの家は金持ちだから、本当はアルバイトなんかする必要がないのである。

飽きて辞めたのかな？　と思ったのだが、違った。

道了堂の帰り道、愛車を運転していたマキタは途中で眠くなり、路肩に駐車して仮眠を取った……はずだった。

実際には、マキタの白いスポーツカーは、猛スピードで電柱に突っ込んでいた。

そして折れた電柱に車ごと押し潰され、今は生死の境をさまよっているのだという。

警察では、停車した際にハンドブレーキを引き忘れてニュートラルに入っていたところ、眠りながら無意識にアクセルを踏み込んでしまったのだろうと言っているとか……。

しかし、修己さんは確信していた。

マキタは呪われたのだ、と。

さらにその翌日、修己さんも交通事故を起こしてしまった。

夕方、コンビニの帰り道、車を走らせていた四車線道路の中央分離帯の方から、白い紙人形のようなものがひらりと飛んできた。

反射的に避けようとして、隣の車線の車に追突し、自分は無傷だったが、相手に怪我を負わせてしまったのである。……結局、自分も呪われた、と修己さんは悟った。

幸いマキタは快復した。この後、修己さんとマキタの間には妙な友情が芽生えた。


（※）道了堂には、「道了堂のお地蔵さんを壊した連中が乗っていた車が白かったから、白い車に乗って訪れると呪われる」というジンクスがあります。

証拠

治子《はるこ》さんが車から降りると、後ろの方で「バン！」と凄まじい音がした。

音と同時に、彼女のワンボックスカーは軽く揺れた。余程の衝撃である。

何事か、と、急いで車を点検したところ、リアウィンドウに手形がついていた。

人間の皮脂と汗が、五指をそなえた掌の形になってガラスに付着していたのだ。

他には異常がない。

「こんなことがあったよ」と、後で誰かに話すために、彼女はスマホで手形を撮っておこうと考えた。

リアウィンドウは、ガラスの反射はもちろん、車の中まで問題なく写った。

手形だけが、何度、撮り直しても、写らなかった。

仮眠

ヨーロッパ文化と西洋魔術にたいへん詳しい占い師がいる。本人も魔術の使い手だという触れ込みだ。治子さんは、とある日曜日、その占い師のイベントに参加した。

魔術と占いに関する講演を聴いてから、その後、希望すれば占ってもらえるのだ。

治子さんは、月曜日の夜から左の肩甲骨の奥が痛みはじめて、次第に鋭く疼くようになってきて、悩んでいた。ぶつけた覚えはなく、鏡に映してみても異状はないが、痛む。

今週は病院に行きそこねた。来週こそ形成外科で診てもらうつもり。

一方、このイベントは、ずっと前から予約していたものだ。そこで、ひょっとすると、魔術に通じた占い師なら、肩の痛みを治してくれるかもしれないと思いついた。

参加者が順番に占われていく。ついに治子さんの番になった。

さっそく、件の痛みについて相談してみた。

「月曜日にヘンな場所、行ったデショー？」と、訊ねられた。

そこで、治子さんは月曜日の自分の行動を思い起こした。

彼女は営業職に就いており、その日は車で得意先を回っていた。

昼食後、品川駅周辺で休憩できる場所を探した。

前に休んだことがあった京急線のガード下に行ってみたら、ズラリと駐車されていて空きがなかった。しかし、南大井二丁目の辺りで、良い感じに日陰になっているスペースを見つけられたので、車を停めて仮眠した。

鈴ヶ森刑場跡のすぐ裏だからかもしれないが、そこは空いていて、それに、なぜかとても涼しかった……。

「スズガモリケージコー？　ドンナ場所？　写真をミレルかしラ？」

スマホで検索して鈴ヶ森刑場跡の写真を探し出し、占い師に画面を向けた。

「アラ！　コレはダメ！　タイヘンヨ！　今スグ呪文を唱えタゲル！　cjEwgHJ2i2.N◎J#5kb△xM WQm☆wrW!bp◇C4gHA/y♡p-Eo……」

呪文が始まるとすぐに痛みが遠のきはじめ、唱え終わる頃には完全に消えた。

「凄い力ですね！　治せるなんて！」と、治子さんは感激して叫んだ。

しかし、占い師は「こんなオーゼイ、ナオスのは、ムリ！　ムリ！」と、断言した。

「ミナサマに、チョット眠ッテもらっテルだけヨ！」

兵士霊

とある陸上自衛隊の駐屯地は、電車の線路でA地区とB地区に敷地を二分割されている。A地区には生活隊舎と弾薬庫があり、B地区には倉庫や整備工場などがある。

八〇年代の後半のこと。二〇歳の一等陸士、秀之さんが、夜の九時頃、生活隊舎でテレビを見ていたところ、どこかから銃声が聞こえてきた。

駐屯地では、自衛隊法九五条に基づいて、弾薬庫を警備する隊員が、弾倉に実弾を込めた小銃を携帯することが認められている。

――不審者への警告か。暴発か。あるいは、自死か。

秀之《ひでゆき》さんは咄嗟に、同室のヨシダを思い浮かべた。

同期入隊で彼のバディであるヨシダが警衛勤務中で、ちょうど今頃は、実弾を籠めた小銃を携えて弾薬庫周辺を歩哨しているはずだった。

ヨシダは、一等陸士の中では誰よりも早く、弾薬庫の警衛に着けてもらえたのだ。本当に羨ましい。国から信頼された男、ヨシダ。

そう、ヨシダは人品に優れており、兵士としても有能で短所が無かった。

ただ一点を除いては。

生活隊舎から弾薬庫まではーキロもあり、ここから何が見えるというわけでもなかったが、彼は胸のざわめきに背中を押されて、思わず窓辺に駆け寄った。

そのとき、

「痛い」

と、聞きなれた声が、妙に平べったい口調で、間近から訴えかけてきた。

振り向くと、すぐ横にヨシダが立っていた。

しかし、頭の左半分が吹き飛び、鮮血が傷口から噴水のように溢れているではないか。

血液はヨシダの背中全面を濡らしているようで、股からボタボタと雫が垂れ、二本の脚を伝い、たちまち床に血溜まりを作りはじめた。

一一九番、いや、まずは駐屯地の医務室に連絡して……と、パニックになりかけながら秀之さんは電話機の方を振り向いて、ほんの一瞬、ヨシダから目を離した。

そして、すぐに視線を戻したのだが。

「ヨシダ？」

もう、そこに相方の姿は無かった。

血痕ひとつ残っておらず、部屋の扉は閉まっていた。

そもそも扉が開閉した気配がなかったことに、秀行さんは今さらながらに気がついた。

ヨシダの自死を知らせにきた隊員は、まだ何も知らないはずの秀之さんが滂沱《ぼうだ》の涙を流しているので驚いたということだ。


ヨシダの唯一の欠点、それは多額の借金だった。返済に追われていたことが自死の原因だとされた。遺書が無かったので、本当のところはわからない。

ただ、秀之さんのバディは、夜間巡回中に、A地区に建ち並んだ弾薬庫の一棟の壁にもたれて地面に座ると、小銃の銃口を咥えて引き金を引いたのだ。

この駐屯地では、小銃自殺は初めてではなかった。

弾薬庫の壁に銃弾の跡がいくつかついており、死者の数を示していた。

生活隊舎で首を吊る隊員も多かったが、入隊から二、三年して階級が上がり、発砲許可が下りると、小銃で頭を撃ち抜く者が現れてしまうのだった。

ここから先は、秀之さんの七、八期ほど後輩の宏《ひろし》さんの体験談になる。

宏さんが一等陸士になってしばらく経った、九〇年代の半ばのことだ。

当時、とある先輩と組んで弾薬庫の警衛勤務につくと、仮眠中に金縛りになったり幽霊を見たりするという噂が若い隊員の間で広まっていた。

弾薬庫の警衛勤務は二四時間態勢で二人一組で当たる。丸一日、問題の先輩と付き合うことになった連中が、あんなものを見た、こんな目に遭ったと面白おかしく話すのを聞いて、宏さんは好奇心を募らせた。

怖いもの見たさで、自分もその先輩と弾薬庫の警衛勤務をすることにならないかと期待するようになったのだ。すると、あるとき遂に念願が叶った。

——そこで引き合わされた先輩というのが、前段の秀之さんだった次第だ。

別に何ということも起きないまま夜を迎えて、交代で仮眠を取ることになった。

弾薬庫に隣接した待機所に仮眠室がある。宏さんが先に仮眠室に入り、深夜、先輩の秀之さんと交代したのだが、なぜか先輩が仮眠室の扉を開けたまま寝ようとした。そこで、閉め忘れたのかと思って扉に手を掛けると、「閉めるな!」と慌てて止められたうえで、こんな注文をつけられた。

「自分は必ず金縛りに遭うから、ようすがおかしかったら起こしてほしいんだ」

果たして、午前零時を過ぎた頃、仮眠室から唸り声が聞こえてきた。

急いで駆けつけると、金縛りどころではなかった。

人型の黒い影が先輩にまたがり、両手で首を絞めていたのだ。

しかも、宏さんが部屋に踏み込んだ途端、その影は、人間の男そっくりのしぐさで振り向いた。……あまりのことに声も出せなかった。

黒い影は、宏さんを睨みつけた姿勢のままスーッと薄れ、たちまち消えた。

影が消えた直後、健やかな寝息が始まった。見れば、先輩は熟睡していた。

起こしてくれと命じられたけれど、よく眠っているものを起こすのも気が利かない。黒い影に首を絞められていたことも話す必要はないと、このとき宏さんは判断した。

それから半年ぐらい後に、隊員が大勢参加した飲み会で件の先輩に再会した。その席で、例の噂について直接、先輩にぶつけた者があった。すると、先輩は「原因が思い当たる」と前置きして、小銃自殺をしたバディの話をした。

これを聞いて、仮眠室で見た黒い影の正体はそれに違いないと確信したので、宏さんは、「実はあのとき……」と、先輩に打ち明けた。

先輩は、これについては「そうか」と頷いただけだった。

ただし続けて、「実は、自分もこれは言おうか言うまいか迷っていたんだが」と言って、宏さんが今住んでいる生活隊舎の部屋は、かつて自分とヨシダが使っていた部屋――つまり、ヨシダが自死した直後に血塗れの姿を現した部屋なのだ、と、教えてくれた。

そこで、宏さんが、あらためて自分の部屋を隈なく調べてみたら、ベッドの下や机の裏などに護符が貼られていたのだという。

それから間もなく、先輩――秀之さんは別の駐屯地に異動していったが、彼が去った後も、弾薬庫の周辺で怪奇現象に見舞われる隊員が後を絶たなかった。


やがて時代は二一世紀を迎えた。宏さんは同じ駐屯地に留まり、あれから何段階か昇級して、弾薬庫警衛の責任者になっていた。

六月の深夜のこと、午前零時を少し過ぎた時分に、彼が弾薬庫の待機所で読書をしていたところ、外から砂利を踏む足音が聞こえた。

ジャリジャリと、何者かが砂利を鳴らしてこの建物の周りを歩いている。

警衛勤務の相方は仮眠中だ。すわ不審者か、と、小銃を持って急行した。

しかし、誰もいない。

首を傾げながら仮眠室に戻ると、窓の外に見知らぬ隊員が立って室内を覗き込んでいた。

「だれかっ！」と、宏さんは鋭く誰何《すいか》した。

すると、その隊員は慌てるようすもなく、ゆっくりと後ずさりして、見えなくなった。

再び宏さんは表に出た。

さっきの隊員を探して歩きまわったが、発見には至らなかった。

しかし、探しながら、見つけられるはずがないだろうと思いはじめたとのことだ。

それというのも、窓から覗いていた隊員は、カーキ色をした八〇年代の作業服を身に着けていたのである。現在の陸上自衛隊の隊員なら、迷彩色の勤務服を着ているはずだ。

それにまた、顔色が生きている人とは思えないほど青白く、目に感情が無かった。

だから彼は、あれは小銃自殺した例の先輩の相方だと考えたのだった。

先輩と自分の年齢差から推して、ヨシダとかいう一等陸士が死んだのは八〇年代の終わり頃だろうから……と。

だったら、とうに廃番になった二〇年前の作業服を着ているのも、つじつまが合う。

翌日、宏さんが同室の相方に、弾薬庫の仮眠室でカーキ色の作業服を着た隊員の幽霊を目撃したと話したところ、「同じものを見たことがある」と返された。

「仮眠中に足を引っ張られた。起きたら、昔の作業服を着た奴が足もとに屈んでいたよ」

「それは怖い。自分は弾薬庫の警衛勤務から逃れられないから、困ったな」

このとき以降、宏さんは、遭いませんように、出ませんように、と、祈りながら警衛勤務にあたるようになったそうだが……残念ながら、たまに、出た。

最も怖かったのは数年前、日中、抜き打ちで警衛訓練が行われた折に、弾薬庫に接近する上官に誰何しようとしたら、背後から「おい」と呼ばれ、振り向いた途端、肩を掴まれて後ろに引き倒されたこと。

弾を装填した銃を構えていたので、尻餅をついた拍子に、引き金を引いてしまわないとも限らなかった。万が一、上官を撃ち殺すことにでもなろうものなら……。

ヒヤリとしただけで済んで、幸いであった。

このとき、宏さんの背後には誰もいなかった。彼自身がそう認識していただけではなく、正面にいた上官や、すぐそばに居合わせた部下の目にも、彼の肩を引っ張った者の姿は写らなかったということだ。

踊り場

巴枝《ともえ》さんは、およそ一〇年前に経験したある出来事のせいで、自分のうちの階段が苦手なのだという。

家は千葉県の住宅街にある普通の二階建てで、階段の造りもいたって標準的だ。階段の真ん中に踊り場を挟んで折り返しているので、一階と二階は互いに見通せない構造である。

さて、巴枝さんが中学三年生だったときのこと。

七月中旬のある日、学校から帰って間もなく、二階にある自分の部屋へ行こうとしていた巴枝さんは、ほとんど二階まで階段を上がり切ったところで、ふと足を止めた。

後ろの方……いや、正確には後ろ下方から、視線を感じたのだ。

一階に母がいて、さっき顔を合わせたばかりだった。

「おかあさん?」と、彼女は階段の下を振り向いて、息を呑んだ。

そこにいたのは母ではなく、知らないおじさんだった。

五〇代ぐらいで、髪が薄く、眼鏡をかけて、ベージュの短パンと白いランニングシャツを着た男が、裸足で踊り場に仁王立ちになり、こちらを睨み上げていた。

と、思ったら、猛烈な勢いで踊り場から階段を駆けあがってきた！

巴枝さんは走って自分の部屋に飛び込み、扉を閉めて鍵をかけた。

うなじに息がかかるほど近々と、男が後ろに迫っていたことがわかっていた。

扉の向こうに張りついているかもしれないと思い、戸板に耳をあててようすを窺った。

しかし一向に何の気配もない。やがて、同じ姿勢を保ちつづけるのが辛くなった。

それにまた、一階にいる母のことも心配になってきた。

私のことは諦めて、一階に行ったのではないか？　おかあさんは大丈夫かな……。

そこで、そろそろと部屋から出てみたのだが、男の姿はどこにもなかった。家じゅう探しても何一つ痕跡が見つからず、母に話したら「寝ぼけたんじゃない？」と笑われた。

そう言えば、と、そのときになって巴枝さんは、ひとつ不思議なことに気がついた。

男が駆けあがるとき、ダダダッと足音が鳴るはずが、まったく何も聞こえなかったのだ。

そんなものが出たのは、その一回きりだ。しかし、それ以来、家の階段を上るのが怖くなり、二階に上るたびに、つい、踊り場を振り返ってしまうのだという。

倫敦の足音

イギリスの作家で、歴史研究家としても知られるピーター・アクロイド曰く、ロンドンは「住民に絶えずつきまとう過去の模倣物で満たされた幽霊都市（spectral city）」だ。

佳樹《よしき》さんは、一昨年《おととし》、大学二年生のときにロンドンを訪れた。

彼の趣味は独り旅。高校生の頃からアルバイトで貯金しては、さまざまな場所を訪れてきた。しかし、まだ海外へは独りで行った経験はなかった。

初の単独海外旅行の目的地としてロンドンを選んだことにはわけがあった。

佳樹さんは子どもの頃から、「切り裂きジャック」の逸話や、コナン・ドイルの『シャーロック・ホームズ』のシリーズに心惹かれ、長ずるに従い、古き良き怪しいロンドンを偏愛するようになった。その結果、漱石が描いた二〇世紀初頭の『倫敦塔《ロンドンとう》』や、一八世紀、一九世紀の、紳士淑女を乗せた馬車が行き交う「倫敦」への憧れを、いつの日か満たしたいと渇望していたのである。

従って、この旅は必然的に、彼にとっての聖地巡礼を目的とした。

九月初旬、東京よりだいぶ冷涼な彼の地に午後二時頃に到着して、まずは宿にチェックインすると、さっそくホームズとワトソン博士が下宿していたベイカー街221Bにあるシャーロック・ホームズ博物館を訪ねた。

現代の実際のロンドンに、憧れの「倫敦」を重ね合わせながら……。

六泊七日の滞在予定だから時間はたっぷりあった。しかし、つい、積年の飢えを満たすかのように初日からガツガツと見物しまくってしまった。ホームズ博物館の後もあちこち訪れて、宿に戻ってきたときにはとっぷりと日が暮れていた。

ロンドン市内を観光するのに便利な、パディントン駅付近の宿である。

ここは防犯設備が整っている割に宿泊料金が安いホステルだと好評で、インターネットの旅行サイトで四つ星がついていたのだった。

チェックインしたときに渡されたICカードで開錠して、建物に入った。

入るとすぐ目の前に受付カウンターとフロントロビーがあり、フロントロビーの奥に電子錠付きの扉が設置されていた。この扉の先が宿泊エリアになっているのだ。

これと各宿泊室も、先程と同じICカードで開錠できる仕組みだ。

佳樹さんの部屋がある一階の宿泊エリアはシンプルな造りで、長さ二〇メートルほどの廊下の両側に小さな個室がいくつか、互い違いに並んでいた。

廊下の奥は突き当たりで、平らな壁があるだけだった。

奥から数えて三番目が彼の部屋だ。日本のビジネスホテルより狭いが、ＷｉＦｉが完備され、アメニティも揃っていた。ベッドの寝心地も良かった。

ただし、少し時間が経つと、壁の薄さが気になってきた。

音が筒抜けなのだ。廊下側の壁にベッドのヘッドボードが接しているせいもあって、ベッドに横になると、廊下を行き来する人の足音が、この部屋の中を歩いているんじゃないかと思うほど間近に聞こえた。宿泊エリアの出入口や各室の扉をＩＣカードで開錠するときの「ピッ」という電子音まで、いちいち鼓膜に流れ込んでくる。

しかし疲れていたので、その夜は一〇時頃に横になると、たちどころに眠りに落ちた。

翌日は、ロンドン塔を訪ねた。処刑場や監獄、武器庫、コインの鋳造所など、さまざまな用途に使われてきた巨大な建造物で、すべて見て回るには半日を要した。

拷問、殺人、暗殺など英国の暗い歴史に思いを馳せて、ロンドン塔を堪能した。

他にも二、三の観光名所に立ち寄り、足を棒にして歩きまわった。

すっかりくたびれて、夜、ベッドに横たわると、また、あっという間に寝入ってしまった。

――どれほど経った頃か、ふと、廊下の足音で眠りから覚めそうになった。

誰かがフロントロビーの方から来て、この部屋の前を通りすぎていく。

目を閉じたまま、足音を耳で追いかけた。

一定のリズムを刻む、落ち着いた歩調。

どの部屋にも入らず、真っ直ぐ突き当たりまで歩いていったようだ。

階を間違えたのか？　だったら引き返してくるだろうと思ったら、戻ってこない。

その代わり、再びフロントロビーの方から誰か歩いてきた。そしてまた突き当たりの方へ。

さっきと同じだ。

違和感を覚えたが、眠気が勝った。意識が昏くなり、もう朝まで目を覚まさなかった。


三日目の夜も、その足音を聞いた。四日目、五日目も。

五日目の夜は、廊下を歩いていく足音が三回、繰り返されるところまで起きていた。

どの足音も、フロントロビーの方から廊下の奥に向かい、行ったきりになった。

この先に二部屋あるが、客室の電子錠が開く「ピッ」という音は一度も聞こえなかった。

フロントロビーから宿泊エリアに入るときにも開錠の音がしなかった。実に奇妙だ。

納得できなくなってきたので、最後の晩は頑張って目を覚ましていることにした。

午前一時ちょうど、他の宿泊客たちが皆、各自の部屋に引っ込んだ直後から、例の足音が始まった。前夜までと同じようにフロントの方から廊下の奥へ向かって、歩いていく。

……この部屋の前を通りすぎた。

ここより奥にある二つの客室を開錠することもなく、突き当たりまで行ったようだ。

すると、すぐにまた、フロントロビーの方から足音が始まった。

これが延々と繰り返された。

一〇回ばかり聞いたところで、思い切って廊下に出てみた。

もしも本当に人が歩いていたならば、突き当たりの壁の前に一〇人もの人々がたむろしていることになる。

しかし、廊下は無人だった。

冷や水を浴びせられたような心地がして、慌てて部屋に戻ってベッドに飛び込んだ。

両手で耳をふさいで足音をシャットダウンしていたが、朝までまんじりともしなかった。

チェックアウトする前に、早朝、ホテルの周囲を歩いてみて、あの廊下の突き当たりに相当する外壁の位置を探り当てた。

そこから通りを挟んだ真向かいに、厳めしいレンガ造りの建物があり、前に救急車が停まっていた。門のところに掲げられた銘板に「Hospital」と記されている。病院名をスマホで検索して調べてみたら、そこは一九世紀半ばに設立した総合病院で、地域の救急医療センターを兼ねていることがわかった。

あれは亡霊が病院を目指す足音だったのか、と佳樹さんは思った。

以上の話を聴いて、私は、彼が滞在したパディントンの怪異について調べてみた。

その結果、パディントン駅のすぐ近くにあるハイドパークの北東の端に絞首台（Tyburn）の跡地があり、ここに無数の幽霊が出没するという言い伝えを見つけた。

一一九六年から一七八三年の間に、この場所で何千人もの人々が公開処刑されたそうだ。当時のロンドンっ子たちは、これを「パディントンの踊りを踊る（to dance the Paddington frisk)」と呼んでいたのだという。

さらに、ここと件の病院を直線で結んだライン上に、佳樹さんの宿があることも地図で確認できた。

もしかすると彼が聞いたのは、処刑された人々の無念の足音だったのかもしれない。

夫婦

由美子《ゆみこ》さんの父は、二度も戦場へ召集された。一度目は帝国陸軍の兵士として中国戦線へ、二度目は船舶工兵としてインドネシアの島へ送り込まれたのだった。

父が南の島へ応召されていた当時のこと。

ある夜、眠っていた由美子さんの母は、激しい爆発音に叩き起こされた。

咄嗟に蒲団から飛び出したが、何の形跡もなく、辺りには静寂が満ちていた。

やすらかな寝顔を並べて熟睡している娘たちを見つめながら、不安にさいなまれた。

今の音は、夫の身に悪いことがあった徴《しるし》なのでは……。

思わず娘たちを揺り起こして、「今、ドッカンと、凄い音が聞こえたんだけど」と伝えてみたが、娘たちは寝ぼけ眼で「そんな音はしなかった」と言うばかり。

遠い南方の戦場で起きていることなど、知るよしもない。

やがて終戦を迎えた。由美子さんの父は、なかなか帰ってこなかった。

母の悪い予感が的中したのでなければいいが……。

残された家族で気を揉んでいるうちに、田植えの時季がやってきた。

村には「結」と呼ばれる互助の習慣があった。七歳と五歳の幼い姉妹だった姉と由美子さんも、母に連れられて近所の農家を手伝いに行った。

時節柄、小さな子でも農作業を手伝わされたものだった。

村の田圃に着いた。五月晴れの朝だ。

水を張っただけの田圃が空を映して、湖のようだった。

国鉄の線路が、水田を切り裂いて、遠くの山まで真っ直ぐに延びている。

田植えをする人々の横を、ときどき電車が通りすぎていった。

この近くに国鉄の駅があった。そこで降りた復員兵たちが、村の家に帰宅するのを由美子さんたちは去年から何べんも見ていた。

父だけが帰らない。終戦から一年近く経とうとしているのに……。

また電車がやってきた。目の前を駆け抜けていく。どの車両も満員のようだ。

たちまち駅の方へ遠ざかるのを姉妹で見送っていると、母が駆け寄ってきて、

「今の汽車に、とうちゃんが乗ってたから、おまえたち、家に帰ってみろ」

と、言った。

電車は、瞬く間に走り去ったのである。乗客の顔が見分けられるわけがない。

姉妹は母の言葉を信じなかったけれども、言いつけには従った。

由美子さんは、幼心に、父に寄せる母の想いがとても悲しく感じられたのだという。

ところが、である。

家で待っていると、父が歩いて帰ってきたではないか。

聞けば、今、村の駅に着いた電車で来たのだという。

母の勘があたったのだ。

不思議なことは、まだあった。

母が、何月何日の夜中に凄まじい音を聞いて目が覚めた……と、帰ってきた父に話したところ、父が警備していた船が爆撃を受けたときと、母が轟音で起きたときの日時が、おそらく一致することがわかったのだ。

「俺は、そのとき死に損なったんだよ。おまえには、なぜかわかったんだなぁ」

家族四人で神秘に打たれた、とのことだ。

「父が復員したのは一九四六年の六月一三日ですから、もうずいぶんと昔のことになってしまいました。父は、終戦後もセラム島というところで終戦処理業務に追われていたそうです。飢えとマラリアで兵隊が大勢、島で亡くなったとか……。父自身も、帰宅してからも長いこと、マラリアの後遺症に苦しんでおりました。

死と隣り合わせの戦場で父は咄嗟のときに母を想い、母は絶えず父の身を案じていたのでしょう。そんな二人の魂が交信して、奇跡みたいなことが起きたのだと思います。

あの当時、私は幼かったけれど、子どもなりに、夫婦って凄いものだなぁと心の底から感動したものです」

由美子さんの父は何年も前に他界しているが、この出来事は今でも家族の語りぐさになっているそうだ。

廃屋の女

仁《ひとし》さんは、近所のある家が気になって仕方がないのだという。

かつてそこに住んでいた人たちは、道路に面した一階で小さな荒物屋を営み、二階を住居にしていたようだ。しかし荒物屋は、五、六年前、仁さんがこの町に引っ越してきたときにはすでに閉店しており、荒んだ外観を呈していた。

どの窓も雨戸を閉め切っているが、落書きと凹み傷だらけになった一階のシャッターがいつも三〇センチほど開いていたので、あるとき好奇心に駆られて中を覗いてみたところ、床が泥に覆われ、心ない通行者に投げ込まれたのか住人が置いていったのかわからないゴミや空き缶が散乱していた。

しかも、屋内の壁が蔦《つた》に覆われていた。くすんだ緑色の葉をつけたツルが壁に絡みつき、異様な光景だった。

一見して廃屋、という印象だ。

ところが、この家の前に、ときどき若い女がいる。シャッターの前にうつむいて佇んでいたり、家の周りを猫背でのそのそ歩いていたりする姿を、仁さんは何度も見かけた。

荒物屋の家人か関係者が、家を片づけるために、どこかから通ってきているのだろう。

そんなふうに察しをつけていたところ、あるとき二階の窓が開いていて、窓辺に女が佇んでいた。彫像のようにじっと動かず、ぼんやりした視線を空中に投げかけている。

初めてまともに顔を見た。肌が土気色で、表情にも生気というものがまるでなかった。

幽霊のようだな、と、少しゾッとして、仁さんはその場を立ち去った。

数日後、ウェブ版のタウンマガジンで、件の家について書かれた記事を見つけた。

管理する者がないまま何年も放置されており、町の景観保護や治安維持に悪影響を及ぼす恐れがあるので、有志を募って行政に働きかけるべき、というような内容だった。

では、例の女は何なのだ？　と仁さんは驚き、家族や隣人たちにこのことを話した。

すると全員が口を揃えて、「あそこは廃屋で間違いない。そんな女は見たことがない」と言い、中には、「それは幽霊だ」と断言する者もいた。

不思議なことに、みんなに話した後は、問題の女を一度も見かけていない。

最後に目撃してから一年余り経つ。廃屋はまだ解体されておらず、近頃は傷みがますます著しくなって、屍《しかばね》めいた姿を晒している。

間違い

接骨師の真《まこと》さんが勤め先の整骨院から帰宅して寝ていると、夢うつつに、何とも言えず異様な気配を感じた。

人に視線を向けられると、「圧」を覚えるものだ。ちょうどそんな「圧」が、ある。

アパートの二階で独り暮らしをしており、誰に見られるはずもないのだが……。

そんなことを考えていたら、頭が冴えてきてしまった。そこで、パチッと目を開けた。

真正面に、逆さになった老女の顔があった。見知らぬおばあさんが枕もとに正座して、彼の顔を無表情に覗き込んでいたのである。

思わず真さんは悲鳴をあげた。

すると、老女は平坦な声で、

「違った」

と、ひと言つぶやき、よたよたと立ちあがった。

真さんの部屋には二畳のロフト（中二階）があり、彼はそこに蒲団を敷いて寝ていた。

老女は、危なっかしい足取りでロフトの段梯子を下りはじめた。転げ落ちて骨折でもしたら、と、真さんはハッと気づき、ハラハラして、「危ないですよ！」と声をかけた。しかし老女は返事をせず、なんとか無事に段梯子を下りきった。

そのまま、振り向かずに玄関へ向かう。

後を追いながら真さんは首を捻った。

……どうやって入ってきたのだろう？　寝る前に完璧に戸締りしたのだ。今、玄関の扉を見ても、鍵とチェーンでしっかり施錠されているではないか。

と、思ったら、老女は悠然と扉をすり抜けて、部屋から出ていった。

真さんは咄嗟に、「事故物件」や「地縛霊」という言葉を思い浮かべた。

そこで、翌日、このアパートを紹介してくれた不動産屋に、ここは実は事故物件なのではないか、また、前の住人は年老いた女性ではなかったかと、問い合わせた。

その結果、前の住人は老人ではなかったし、この部屋で亡くなりもしなかったが、住んでいた老女が孤独死した部屋が一階にあることがわかった。

昨夜のおばあさんは、出る部屋を間違えたんじゃないか……。

父の助け

史寛《ふみひろ》さんは、一九歳のときに父を亡くした。

父が死んだその日、彼は新米の植木職人として、公園で親方の仕事を手伝っていた。

午後三時ちょうど、何の前触れもなく、彼の太腿ぐらいもある太い枝が、鼻先をかすめるようにして目の前に落ちてきた。当たっていたら命に係わるところだ。

その木にはまだ手をつけておらず、枝が折れる原因も思い当たらなかったので、親方と一緒に首を傾げていたところ、母から電話がかかってきた。

つい今しがた、父が自宅で倒れた、これから救急車に乗せるが、意識がなく、もう駄目かもわからない、と、涙声で伝えられた。

母は「つい今しがた」と言った。では、枝が落ちてきた瞬間に、父が倒れたということになる。良くない兆しだ。父は助からないのでは……。

そう予感した史寛さんは、親方の許しを得て、搬送先の病院へタクシーで駆けつけた。

いつになく道が空いており、信号にも一度も引っ掛からないので、タクシー運転手が驚いていた。

お陰で、父の臨終に間に合った。

父が亡くなると母も体調を崩してしまい、母に代わって葬儀の手配などに追われることになった。そのせいか、告別式が終わった途端、疲労感がどっと湧いて、火葬中の会食の席で睡魔に襲われた。

起きていなければ、と、気ばかり焦りながら、うつらうつら船を漕いでいたところ、突然、金縛りにかかった。

一気に眠気が吹き飛び、動こうと思うのに、瞼すら開けられない。声も出せない。

心の中で悲鳴をあげていたら、父の声が聞こえてきた。

「人脈は財なり」

……そう言えば、父は若い頃から病弱だったけれど、とても社交的で、誰に対しても優しい人だったな、と思い出して、ふと心が和らいだ……と同時に金縛りが解けた。

そのときから人との繋がりを大事にするようになった。五〇を過ぎた今では、自分で造園会社を経営し、家族や友人にも恵まれているが、父のお陰だと思っている。

亡き父に助けられたことは他にもある。地下鉄サリン事件のときにも父に救われた。

当時、彼は新婚で中目黒に住んでいて、毎朝、妻と一緒に地下鉄・日比谷線に乗って出勤していた。彼の職場は日比谷駅のそばにあって、妻の勤め先はその一つ先の霞ケ関駅から近かった。霞ケ関駅に八時一四、五分に着く中目黒駅発の電車があり、判で押したようにいつも同じ時刻に家を出発して、その先頭車両に乗る習慣だったのだ。

事件があった三月二〇日の前日、日曜日の夜のこと、史寛さんの夢に父が現れた。

夢では、彼は実家の居間にいて、父と二人でテレビのニュース番組を見ていた。

番組では識者やコメンテーターが、最近起きた、南青山でオウム真理教の村井《むらい》という幹部が衆人環視の中で信者に刺殺された事件について意見を交わしていた。「怖いね」「何をするかわからない連中だね」と、テレビを見ながら会話していたのだが、急に父が、

「明日の朝、仕事に行くときは、いつもより遅い時間に家を出ろよ」

と、彼に忠告した。

ふだんは夢を見ても朝になると忘れてしまって思い出せないたちだが、この夢だけは目が覚めても記憶から消えなかったので、普通の夢ではないような気がした。

そこで妻に相談し、電車を一本遅らせることにして、常より少し遅く家を出た。

妻は、そのときは「夢のお告げなんて……」と苦笑いしていたが、すぐに史寛さんに感

謝することになった。

一九九五年三月二〇日、朝八時一四分霞ケ関駅着予定、日比谷線・中目黒発東武動物公園行の先頭車両で、オウム真理教の豊田亨《とよたとおる》が猛毒のサリンを散布。一人が死亡、五三二人が重症を負ったこの電車に、夫婦で乗っていたはずだったから。

霞ケ関駅に八時前後に到着予定だった他四本の地下鉄でもサリンが撒かれ、霞ケ関駅の悲劇は長く語り継がれることになった。

妻の同僚のうち、実に七名がこのとき死傷した。

夢で忠告されなかったら、夫婦揃って命を落としていたかもしれなかった。

こういうことがあったので、夢で見た「村井というオウム教幹部が殺害される事件」についても忘れられず、妻と「いったいどういうことだろうね?」と話していたところ、それから約一ヶ月後の四月二三日に、オウム真理教の幹部・村井秀夫《ひでお》が、東京都港区南青山にあった教団東京総本部前に於いて、マスコミ関係者二〇〇人余りに囲まれる只中で刺殺される事件が起きた。

――彼の世の人は、現世の時系列には縛られないのだろう。

秘密にしておいてほしかったのに……

三年前にインタビューさせていただいた哲夫《てつお》さんから、久しぶりに連絡を頂戴した。

「昨日、スマホに非通知の電話の着信があったんです。普段は非通知の電話は無視するんですが、どういうわけか、そのときは出ちゃいました。

そしたら、ザーッという雑音に混ざって、小さな声が聞こえてきました。

『なんで話したの？』って言ってました。若い女の子の声で。

だから、『もしもし？　誰？』と、問いかけたんですけど、『なんで話したの？』と繰り返すばかり。延々と、

『なんで話したの？　なんで話したの？　なんで話したの？　なんで話したの？』

って、僕を責めるんですよ。

たちの悪いイタズラだろうと思いました。だから切ろうとしたんですが、切る寸前、声に被さってチャラララチャラララとメロディが聞こえてきたんです。

フライドポテトが揚がったときに鳴るブザーの音でした。

今はどうか知りませんが、八〇年代に僕がバイトしてた藤沢のファストフード店では、揚げ物をするフライヤーに、そういうメロディを奏でるブザーが付いていました。

川奈先生なら、わかるでしょ？　例のファストフード店ですよ！

流石《さすが》に恐ろしくなって、すぐに通話を切断しましたよ。あの声にも聞き覚えがあるような気がしてきて、だとしたら、彼の世から脅してきたのかな、なんて……。

当時のバイト仲間が、川奈先生の本で僕の話を読んで、ふざけて電話をかけてきた可能性も少し考えましたが、あの頃は携帯電話なんてありませんでしたから、誰も僕の電話番号を知らないはずなんですよね。バイト時代の仲間とは、三〇年以上ずっと連絡を取り合っていませんし。名前もうろ覚えです。あっちだって、きっと僕のことを忘れてますよ。

今のところ何も起きていないので、たぶん問題ないと思います。だけど、僕が川奈先生に話したことが、彼女は気に入らなかったのかと思うと、ちょっとショックです」

私が哲夫さんから聴いた怪異体験談は、一九八二年五月に神奈川県藤沢《ふじさわ》市で起きた「藤沢母娘殺人事件」にまつわるものだった。

二一歳の男が、女子高生とその妹と母親を殺害するという事件が起きたのだが、哲夫さんは殺された女子高生と一緒に藤沢市内の某ファストフード店でアルバイトしていたのだ。

三年前、「僕は、この事件で亡くなった女性と同じ時期に同じ店でバイトしていたのですが、事件後、店でとんでもないことが多々起こりました。ご興味があれば詳細をお教えいたします」というメッセージを貰って、お話をうかがった。

それを基に、竹書房文庫の拙著『実話怪談　穢死』に、「白いスニーカー（少女霊とアルバイト）」と「十六歳（少女霊とアルバイト）」という二本の話を書いた。

――責められるべきは、哲夫さんではなくて、私であろう。

産土

五六歳の松彦《まつひこ》さんは、仕事でグーグルマップをよく使う。

皆さんご存知かと思うが、グーグルマップは、アメリカのＩＴ企業「Google」が、インターネットで提供している地図及び地域検索サービスだ。

彼は個人でコンピュータサービス会社を営んでおり、顧客を訪ねていくことが多い。職場兼自宅のマンションが富山県内にあり、いつも移動は車である。初めてのお客さんの所へ行く際にグーグルマップで場所とルートを確かめると、道に迷わずに済むのだ。

昨年の秋のことだ。松彦さんが、これから訪ねる場所までのルートを確認しようとして、自宅のパソコンでグーグルマップを開いたところ、地図上で出発点を示すマークが自宅の位置から大きくズレていた。

どこかと思えば、十数年前まで住んでいた、ある村の産土《うぶすな》神社にマークが置かれていた。

そこが自宅として登録し直されていたのだ。そんな操作をした覚えはなかった。

同じ富山県内ではあるが、死ぬまで訪れないつもりでいた生まれ故郷のお社だ。

昔の知り合いに会いたくない。恥を掻きに行くようなものだ。最後の数年間のことは、思い出すのも辛い。

しかし、これは産土神さまからの啓示で、呼ばれているのに違いない。

だから行ってみるべきだろう、と彼は考えた。


産土神は、産土神社がある土地で生まれる者を、誕生前から死後まで、たとえ他所に移り住んでも永遠に守護するものだと信じられている。

松彦さんの村は、産土信仰が強かった。

江戸時代から稲作が盛んな、お百姓の村であった。古くから田圃を守ってきた家ばかりで、家同士の結束が固く、村人は互いに屋号と続柄で呼び合っていた。

たとえば松彦さんの父は「○○○（屋号）そ」と呼ばれていた。「そ」は土地の訛りで敬称の「さん」の意味だ。母は「○○○その嫁」で、彼は「○○○その七代目」だった。

ここでは家と田圃と人生は一蓮托生。「○○○その七代目」は家を継いで七代目当主になり、先祖から貰った田圃を耕して生きるのが当然だ、と村じゅう皆が思っていた。

松彦さんの先祖は、不正な手段で隣近所の土地を奪って豊かになったと村では言い伝えられていた。実際、第二次大戦前までは、かなり広い水田を有していたようだ。

しかし松彦さんの父は、海軍を退役後は田圃に出ようとせず、日がな一日、怠惰に酒を飲んでいるようになり、やがて酒代に困ると家の土地を切り売りしはじめたのだった。

村人たちは、これを揶揄《やゆ》して、「土地を飲んでいる」と陰口を叩いていた。

松彦さんが物心つく頃には、四反の田圃を残すのみとなっていた。

四反ぽっちでは、家族四人で食べていくだけの米がようやく採れるだけである。

田圃を失っても、不正に土地を手に入れたという悪名は消えなかったのだが……。

先祖がどんな悪いことをしたのか、松彦さんの家族を含めて村の誰も知らなかったのは、なんとも怖いことだった。

やった証拠もない。しかし何かやらかしたのは事実だと、家の者まで認めていた。

なぜというに、江戸時代から代々住んできたこの古い屋敷には、目には見えないけれど体に触ってくるものが確かに棲んでいるためだ。

松彦さんも、数え切れないほど、そいつに触られたことがあった。

多くの場合は、夜になって階段を上がろうとすると、脛に何かが纏わりついてくるのだ。

その感触は、猫や狐、あるいはイタチのような、そう大きくない獣のようでもあるし、布切れを束ねたもののようでもあった。触られると、その晩は必ず金縛りに遭ったものだ。先代、先々代、もしかするともっと昔から、家人は全員が触られてきたので、先祖の因果が祟って物の怪を棲みつかせることになった、と、信じられていたわけである。

車を転がして故郷の村に入ると、最後に見たときとほぼ変わらない田園風景が眼前に広がった。

松彦さんは、自分の家の小さな田圃は、どうなっているだろうか、と、ふと思った。

よく思い出すのは、少年時代の五月の田植え。母と二人で田植えをしていると、すぐそばのあぜ道を自転車に乗った同級生たちが颯爽と走っていくのだ。

これから遊びに行くのだろう。松彦さんの姿を認めても、話しかけてこない。

無視というのとも違う。困ったような微笑を浮かべて、無言で走り去っていく。

彼らの眼差しに宿る憐憫《れんびん》が厭でたまらず、悔しかった。

秋の行楽シーズンも夏休みも、松彦さんの家には関係なかった。家族旅行をしたことは一度もなく、中学にあがる頃には、自分と妹は村で最も貧しい家の子なのだと知っていた。

それでも高校には、また土地を少し手放すなどして、どうにか進学できた。もう農家はやっていられないと思い、高校を卒業すると、地元の企業に就職して、懸命に働いた。

父は彼が二二歳のときに、彼の世へ旅立った。享年は五五で、酒が命を縮めたことは疑うべくもなかった。

妹は二〇歳そこそこで結婚して、家を出ていった。

松彦さんも、二三歳のときに、新しく家を建て直して、付き合っていた女性と結婚した。

彼が会社員になってからも、まだ家の田圃では米を作っていた。妻が母の田圃仕事を手伝うようになり、しばらくは平穏な日々が続いた。

新婚当時、妻の実家が、家に祈祷師を寄越したことがあった。

うちの大事な娘を嫁に出すのだから悪い因縁を祓ってもらえと言われ、やってきた祈祷師に家を検分させて託宣を受けた。

「南の方から母屋に向けて、冷たい風が吹いてきています。この風の源は、馬です」

「馬ですか？」

「はい。農耕馬の亡骸《なきがら》が敷地の南端に埋まっています。これを弔わなければいけません。コロッケでもお稲荷さんでもいいから、油で狐色に揚げたものを買ってきなさい」

言っていることは皆目わからなかったが、祈祷師は厳めしい老爺で、有無を言わせない迫力があった。

松彦さんは素直に従い、村の肉屋でコロッケを二つ買ってきた。

「よろしい。この家の当主がそれを半紙に包んで近くの川へ持って行き、水辺に包みごと置いてきなさい。置いたらすぐに家に帰ること。絶対に後を振り返ってはいけません。また、後日、置いたものがどうなったか見に行くのも駄目です。それから、当主は包みを持って家を出たら、帰ってくるまで決して誰とも口をきかないこと！　途中で知り合いに会って話しかけられても、一切、喋ってはなりません。帰宅するまでは挨拶も禁じます」

果たして、言いつけどおりにしたら、家を新築しても尚、夜になると出没していた触るものが現れなくなり、金縛りにも遭わなくなった。


——かつて住んでいた家と田圃を前にしたら、なぜか涙が溢れてきた。

この家で妻と共に、二人の子どもを育てていた。だが、勤めていた会社の業績が悪化し、退職して独立した矢先に、世の中の景気が悪くなった。収入が激減すると、妻が子どもを連れて出ていった。やがて離婚。その直後、母が倒れて寝たきりに。

母の介護には半年で挫折した。仕事がおろそかになり、経済的に行き詰ってしまって。

そこで、村と家に見切りをつけた。母を介護つきの老人ホームに入れ、市街地に自分が住むためのマンションを借りた。

——そして、今、久しぶりに帰ってきた次第だ。

母と耕した田圃は、野原になっていた。茶色く立ち枯れた狗尾草《えのころぐさ》が秋風に穂を揺らしている。家は、外壁を塗り替えられて綺麗になっていた。見たことがない車がカーポートに停められており、庭木のようすも前と違った。誰かがここで新しい生活を築いているのだ。

故郷の村に帰ると、さまざまな記憶が蘇ってきた。しかし、思い出は思い出だ。

この景色を見よ。現実は時と共に歩んでいたのだ。

これは雪解けの涙だ……。

このとき松彦さんは、変化した景色と同じように、心がアップデートされるのを感じた。彼は、村を離れても尚、七代続いた家を捨てた恥を背負い、罪悪感に苦しんできた。しかし、産土神に導かれて故郷を訪ねてみたら、失ったものに彼を縛りつけていた心の硬いしこりが解けて、解放されたのだという。

故郷の神さまは、これからも無償で彼を見守りつづけることだろう。

押し入れの蜜月

三、四歳から八歳まで、貴《たかし》さんは家では押し入れの中で過ごすことが多かったという。
当時、一戸建ての借家に両親と妹と住んでいた。彼が好む押し入れは、その家の二階の客間にあった。

そこは子ども部屋の隣の六畳間で、滅多に使われず、家具も置かれていなかった。

押し入れの中も空いていて、上の段に客用の蒲団が二組、しまわれているだけだった。

下の段には、ふくよかな女の下半身が棲んでいた。

引き戸を開けると、四つん這いになった尻と脚が現れた。

いつも同じ姿勢のまま身じろぎもせず、上半身は反対側の押し入れの暗がりに溶け込んでいたから、見たことがなかった。

押し入れの左の引き戸を開けても、右の引き戸を開けても、同じことだった。

しかし確かに生きていた。肌に温もりと微かな湿り気があり、血の脈動が感じられたのである。ほのかに甘い体臭まで備えていた。

いつからか、貴さんはこのお尻に顔を埋《うず》めて甘えることを覚えた。むっちりと肉づきがいい、女らしい臀部《でんぶ》だった。お尻も太腿も滑らかで、撫でていると掌が溶けてしまうのではないかと思うほど、極上の触り心地であった。丸みのあるふくらはぎ、一輪挿しの花瓶の首みたいに締まった足首や、桃色をした足の指なども、いつまでも弄っていられた。

何の反応も返されなかったが、それでよかった。面妖なものに慄《おのの》くほど、心が育っていなかったのだろう。

外に遊びに行けない雨降りの日や、黄昏の公園に五時のチャイムが鳴った後は、仄暗い押し入れが居場所と定まった。

押し入れの戸を内側から閉めても、女の下半身は見えなくなるどころか、ますます白く輝き、闇に浮かびあがった。

夕ご飯の時間になるまで、閉め切った押し入れの中でひとときの至福に溺れる日々。

小学二年生の夏休みに引っ越してしまうまで、この蜜月が続いた、とのことだ。

いるのは確か

奈南《なな》さんは自分の学費を稼ぐために、店舗型の性風俗店で働いていたことがある。

そこは名古屋にある老舗の大型店で、煌々と店名のネオンが輝く五階建ての自社ビルを有していた。プレイルームは二、三、四階に、合わせて一五室あり、部屋の間取りはどこも同じだった。

ベッド、脱衣所、シャワールーム、棚付きのクローゼットがあり、どの部屋もおおむね清潔に保たれていた。

キャストの女性はおよそ八〇名で、一八歳から四五歳までと年齢はまちまちだった。

全員に店から制服が貸し出されており、仕事の前に着替えることになっていた。

ある日、奈南さんは三階の一室を割り当てられた。

初めて使う部屋だったが、どの部屋も同じ造りで、やることも同じである。

まずはシャワーを浴びて、制服に着替えた。それからクローゼットに私物をしまっていると、上の方で、何かがカサカサと乾いた音を立てた。

クローゼットと天井の隙間に、何かいるようだ。

クローゼットの高さは一八〇センチで、身長一六〇センチ足らずの奈南さんからは隙間の奥が見えない。

まさかネズミが……と、気色が悪かった。ゴキブリかもしれない。それも厭だ。

不安な気持ちで背伸びして覗き込んでみたところ、また「カサリ」と鳴った。

クローゼットの棚板にすがりついて爪先立ちをすると、そこに、ファッション雑誌の小口が見えた。

なぁんだ、雑誌のページが空調の風に煽《あお》られてカサカサいっていただけか……。

奈南さんは胸を撫でおろして、手を伸ばした。

忘れ物を見つけたら、雑誌や新聞など、つまらないものでも、なるべく早くフロントに届けるきまりになっていた。

指が雑誌の表紙を捉えた。ズルズル前に引き出して落っことす作戦だ。

ところが雑誌はピクリとも動かなかった。何かに引っ掛かっているようだ。奈南さんは、クローゼットの縁に爪先を掛けて高さを稼ぎ、隙間の奥の方を手で探ろうとした。

すると、いきなり、その手をギュッと握られた。

紛れもなく人間の手の感触だが、クローゼットは壁に造りつけで、向こう側に人が入れる隙間は一ミリも無い！

奈南さんは悲鳴をあげながら握られた手を引っ張った、が、〝手〟はしっかりと彼女の手を掴んで離さない。引けば引くほど強く握ってくる。

……この動きは人間のものだ。あまりにも生々しかったので、奈南さんは少しすると、かえって冷静になった。

もしかすると壁に穴が開いていて、隣の部屋にいるキャストが悪戯をしているのかもしれないと思いついたのである。

そこで、伸びあがって隙間を覗き込もうとした。

もう少しで、自分の手を握っている〝手〟が視界に入る……と、その寸前に〝手〟がサッと離れて、隙間の奥へ引っ込んだ。

壁には穴など開いていなかった。

雑誌をフロントに届けると、奈南さんは手を石鹸でゴシゴシと洗った。

握られたときの感触が手にいつまでも残り、たいへん気持ちが悪かったという。

この後、彼女は、古株のキャストの間で「三階は出る」と言われていたことを知った。新人さんが怪異を体験して「出た」と自分たちに打ち明けてくるまでは、このことを教えないルールをみんなで作り、固く守っていたのだった。

そのため〝手〟について先輩たちに打ち明けた途端に、皆の怪異体験談をいっぺんに聞かされるはめになった。

「三階で昼寝をしていたら、金縛りになったのよぉ！」

「三階でセルフィーを撮ったら、顔が不気味に歪んで写っててね……」

「三階の鏡には、自分の後ろに見知らぬ女が映るんだ。目を合わせたら、たぶん死ぬ」

「三階付近の階段に女の幽霊が佇んでいた。全然動かなかったから、幽霊で間違いない」

だから「三階の部屋を割り振られたら拒否して、違う階の部屋に替えてもらう」と話していたキャストもいた。

こんなにも確実に「いる」のに、その原因については、誰も知らなかった。

欠けた青春

一四歳ぐらいから一六、七歳までに体験することと言えば、皆さんは何を思い浮かべるだろう。受験勉強。高校進学。部活動。恋愛や友人との付き合いや、あるいは音楽や美術など文化的な趣味との出逢いを真っ先に思い出す方もいらっしゃるかもしれない。

義仁《よしひと》さんは中学二年生のとき、同級生と殴り合いの喧嘩をして勝った。が、相手の恨みを買ってしまい、教室で隙を見せた途端に、後頭部を椅子で叩き割られた。

脳味噌が爆発したように感じた直後、義仁さんは教室の天井に浮かんでいた。

頭から血を流して倒れている自分の姿を上から見た。休み時間の教室は蜂の巣をつついたような騒ぎになり、やがて先生たちが駆けつけてきた。

その後も、病院に搬送されるところや、緊急手術を受ける一部始終を俯瞰《ふかん》で眺めた。

自分の体に戻ることも、人と会話することも出来なかった。しかし睡眠や食事の必要がなく、いつでも自由に行きたい場所に飛んでいけることにも、すぐに気づいた。

丑三つ時に、加害者の同級生の枕もとに立ってやったこともあるが、馬鹿野郎がこちらに気がつきもせずスヤスヤ眠っているばかりで、全然面白くなかった。

やがて時間の感覚を失った。そして、自分の家や学校を訪ねたり、行きたかった観光地を見物したりして暇を潰していたら、あるとき、ふと、どこからか透明な光が差してきた。光の源を探して飛んでいくと港に辿りついた。そこには真新しい豪華客船が三隻、泊まっていた。これに乗って大海原に旅立とう、と胸を弾ませてタラップに足を掛けた。二、三段、うきうきと上ったところで、後ろから肩を掴まれて引き戻された。

高い場所から落下したような衝撃を全身に感じ、驚いて目を開けると、ベッドに寝ていた。窓から朝陽が差し込んでいる。起きあがって、周囲を見回してみた。

自分のうちの子ども部屋に似ている。しかしハンガーに掛かっている制服が違う。鞄も、自分のとは違う。見覚えのないギターがあり、本棚は読んだことがない本だらけだ。

やがて、起こしに来た母と対面して、驚くべきことがわかった。

義仁さんは、高校二年生になっていた。

頭の怪我で入院した病院からは三ヶ月で退院して、受験勉強に励み、高校に入学して、そこで出逢った新しい友人とバンドを組んでいた。……何一つ覚えがなかった。

その後、ずいぶん苦労したという。

悪い部屋

義仁さんは、最近、友だちを亡くした。友はまだ四三歳だったというのにマンションで孤独死して、死後一ヶ月半も経って遺体で発見されたのである。

義仁さんと彼は、一〇年ばかり前に、ボランティア活動を通じて知り合い、ずっと親しく付き合ってきた。彼は優秀な経営者で羽振りが良かったが、同時に、弱きを助けて強きを挫く正義漢でもあった。……自慢の友だちだったのだ。

ところが、あるときから急に人が変わってしまった。

それは死の半年前、彼が六本木から池袋へ引っ越した日に始まった、と思われる。

「こんどのマンション、変なんだよ。ラップ音が鳴ったり物が勝手に動いたりするんだ」

転居の直後にそう聞かされたときには、軽い気持ちで「お祓いしたら？」と勧めただけで、あまり本気にしていなかった。しかし、新居のお披露目パーティーに呼ばれていったところ、うさんくさい自称霊能者が何人も招待されていたので驚いた。

どうやら、彼は本当に心霊現象に怯えていたようなのだ。

馬鹿気ている。万が一そういうものがあったとしても厭ならまた引っ越せばいいのに、と、呆れた。

まったく彼らしくないことだと思い、もしかすると、ちょっと精神を病んでいるのではないかと疑いもした。

だから、その後、彼が次々と詐欺に遭いはじめたとき、少しも意外に思わなかった。

彼は、ごく短期間のうちに、嘘の事業に出資して騙され、インチキな仮想通貨の儲け話で大金を失い、変な女に貢いだ挙句に逃げられた。

とうとう、「あいつはもう駄目だ」と、SNSで囁かれはじめたので、見るに見かねた。

そして、必要があれば精神科に連れていくつもりで、会いに行ったのだが……。

出てきた彼は、痩せ細って目の隈《くま》が酷く、身なりが不潔で、近づくとプンと異臭がした。

おまけに呂律も回っていない。酒を飲んだのかと訊ねると、飲んでいないという答え。

そのとき、室内に注射器があるのが目に入った。麻薬だ、と思った。

それが三ヶ月ほど前だ。あれ以来、距離を置いていた。

しかし蓋を開けてみれば、彼は麻薬など使っていなかったのである。

検屍解剖で、持病の糖尿病が悪化して敗血症を起こした結果、亡くなったことがわかったのだ。彼が糖尿病を患っていたのは知らなかった。糖尿病の患者は、インシュリン注射を自分で打つものだ。

知らなかったとはいえ、麻薬中毒だと決めつけたりして悪かったと、反省した。

それにしても……以前の彼なら、適切な治療を受ける判断力があったはず。

やはり精神を病んでいたのだろうと思い、病院に連れていくべきだったと悔やんだ。

本来であれば、自分でなくとも、誰かが、彼を救うことが出来たはずだが……。

彼の仕事はこのところ開店休業状態で、友人は全員、彼との付き合いを断っていた。

その結果、遺体が腐臭を放ち、複数の住人から苦情が寄せられたマンションの管理人が警察に通報して、警察官が部屋に踏み込むまで、彼の死の事実は誰にも知られなかった。

ほんの半年前までは、華やかな社交家で、デキる男だったのに。

死なれてみると、良かった頃の思い出が次々に蘇り、悲しくてたまらなくなった。

ＳＮＳで死を知ったのは、密葬の後で、墓がどこにあるのかもわからなかった。

共通の知り合い何人かに、墓地の場所を知らないか、あるいは、遺族と連絡が取れないかと訊ねたが、まったく手掛かりが得られず、寂しさが募るばかりだった。

そんなある日のこと、仕事の用で、東京都渋谷区の自宅から車で埼玉県大宮市へ行った。

目的地は大宮の住宅街にある個人宅で、訪問したことがない所だったから、車のナビを頼りにした。

ナビの音声で指示されるとおりに道を進み、お陰でほとんど迷わずに到着できた。

帰路も、すでに夜になっていて景色が違って見えるので、念の為、再びナビの音声ガイダンスに従おうと思い、渋谷区の自宅をナビの目的地に登録した。

初めのうちは何も考えずにナビに従っていたが、そのうち、往路では見なかった景色が続いていることに気づいた。

ナビを確認すると、間違いなく、目的地は渋谷区の自宅になっている。

しかし周囲の風景が、来たときとは明らかに異なる。

不安になり、車を路肩に停めて、スマホの地図アプリでルートを検索してみたところ、やはり、道はこれで合っている。

インターネットで表示される現在地と、実際の風景が噛みあわないのだ。

だが、そんな奇妙なことがありうるだろうか……。

納得がいかなかったが、とりあえず、ナビに命じられるまま車を走らせた。

途中で道沿いの案内標識が目に入り、池袋方面へ向かっていることがわかると、ある予感が閃いた。

まさか……。でも、池袋と言ったら……。

やがて見覚えのあるマンションの前に来ると、「目的地に到着しました」とナビに告げられた。

そのとき、つんざくような金属音が鼓膜の奥で鳴りだした。

思わず両手で耳を押さえたが、音は止まなかった。

なんという酷い耳鳴り。

こんな状態では、とてもではないが運転など出来ない。

車を停めて、耳鳴りが治まるまで休むしかなかった。

――友が死んだ池袋のマンションの前で。

さっき、ここへ来ることになるような気がした。はたして、そのとおりになった。

夜空に屹立する、なんということはないマンションの建物が、ひどく不気味に感じられた。

彼が住んでいた部屋の方を見上げながら、「俺を呼んだかい?」と心の中で訊ねてみた。

すると、耳鳴りが鎮まり、自宅に帰ることが出来た。

この出来事があってから、彼の魂は、まだあのマンションに留まっているのだと思うようになった。

彼の霊がナビを狂わせて自分を呼び寄せたと考えた次第だ。

だが、理由はそれだけではない。

この夜から、問題のマンションの部屋にいる彼の夢を頻繁に見るようになったのだ。

夢の中で話しかけても、彼は返事をしない。

ベッドに寝たきりになっており、枕の上の顔は額から顎まで白っぽくぼやけていて、表情もわからない。

あれが今の彼の状態だ、という気がしてならない。

もしかすると、あの部屋に、彼は死後も尚、囚われているのでは……。

順々

野枝《のえ》さんと彼女の母は長年、助け合って二人きりで生活してきたが、一年半ほど前に母が倒れて、介護を必要とする身になってしまった。

昨年の五月、夜の八時ぐらいのこと、介護ベッドで休んでいた母が、野枝さんを大声で呼んだ。

介護ベッドは一階にあり、野枝さんは二階にいた。慌てて飛んでいくと、

「今、とうちゃんが来た」

と、母に告げられた。

「とうちゃんって、うちのとうちゃんかい？　それとも、かあちゃんのとうちゃんかい？」

野枝さんは母に訊ねた――野枝さんの父か、それとも祖父か、という意味である。

尚、両名とも鬼籍に入って久しい。

「私のとうちゃんだ。つまり、じいちゃんが、来た！」

ついに痴呆の症状が……と、心配しながら話を聞くと、母がベッドで目を覚ましていた

ところ、野枝さんの祖父が部屋の扉を開けて登場した、というのだった。

愛用の杖をつき、片足を引き摺って歩く姿は、まさに生前の「とうちゃん」だったから、「おかえり」と思わず言ってしまったとのこと。

なんだか冗談みたいな話だ。

けれども母は真剣そのもので、「私はボケてしまったのだろうか。それともお迎えが来たんだろうか」と不安がった。

祖父は、母が何度か瞬きをしている間に消えてしまったそうだ。

野枝さんは、祖父には申し訳ないが母には無事でいてほしかったので、母が見ている前で関取の土俵入りみたいに塩を撒いてみせた。

さらに、母を安心させるために、

「迎えに来るなら、伯母さんのほうが先だよ」

と、自説を述べた。

伯母は母の姉だから、年齢順なら、母より先にお迎えが来るわけである。

しかも、妻を亡くした晩年の祖父は、夫が早逝した伯母と非常に仲が良かった。祖父が亡くなるまでずっと一緒に暮らしていたことを思えば、「出るなら、本来は伯母さんの所」と思ったのだ。

ただ、伯母は祖父を看取った後、老人ホームに入所して、その際、祖父と住んでいた家を手放してしまったのだった。現在そこは更地になっている。

そして同じ町内に住んでいる身内の者は自分たちだけだから「おじいちゃんは困って、うちに来てみたんだよ」と野枝さんは思い、母にもそう述べた。

それから少しして、伯母が亡くなったという知らせが老人ホームから届いた。

伯母の告別式では、会場の出入口に、伯母の描いた祖父の絵が飾られていた。

家を売るときにも伯母が「これだけは」と言って手放さず、老人ホームの自室の壁に掛けていた絵で、納棺のときに伯母の傍らに置かれて、共に天に召された。

今では、野枝さんの母が、伯母がいた老人ホームに入っている。

何事も順々だ、と、野枝さんは思っている。

ある小学校

今から一三年前のこと。そのとき未妃《みき》さんと婚約者の駿《しゅん》さんはオートバイに二人乗りして道を走っていた。季節は冬で、夕方から出掛けて、存分に遊んだ帰りだった。今夜は彼のバイクで移動していたし、未妃さんは最初から泊めてもらうつもりでいたので、まったく時刻を気にしていなかった。時の経つのも忘れて……とは、まさにこういう状態を指す。彼女は若く、恋に落ちていた。

やがて駿さんのアパートのすぐそばまで来た。アパートから徒歩で五分ほどの辺りに、公立の小学校がある。その正門の前を通りすぎれば、あっという間に到着だ。

人通りは途絶えていたけれど、住宅街の路地なので、駿さんはスピードを落とした。小学校の正門と校舎が見えてきた。校舎の窓や昇降口から明かりが差している。どの窓の中にも人の気配があった。先生たちはまだ残業しているのか、大変だな……と、思ったら、正門の右寄りの奥で、小さな人影がピョンと跳ねた。

女の子のようだ。六、七歳だろうか?

昇降口の前の低い段差を、跳ね下りたり、跳ね上ったりして遊んでいる。

バイクが正門の真ん前に差し掛かると、トタッ、トタッという軽い足音も聞こえた。

女の子は笑顔で、遊びに夢中のようすだ。

無邪気で可愛いな、と未妃さんは思った。この学校の先生のお子さんかしら。

しかし寒くないんだろうか？　この子ときたら、白い袖なしのワンピース一枚で、腕も脚も素肌を外気に晒しているのだ。木枯らしが吹く晩なのに……。

少し心配しながら、正門の前を通りすぎた。

アパートの駐車場に着くとすぐに、未妃さんは駿さんに言った。

「そこの小学校に女の子がいたよね。凄く薄着だったから心配だよ！」

「それは、ありえないよ。何かの間違いだろ？　だって、ほら、見ろよ」

駿さんは未妃さんに、腕時計がはまった手首を突き出した。

――午前二時。未妃さんは吃驚した。

「えっ！　八時ぐらいかと思ってた！　でも校舎に明かりが点いてたんだよ？　どの窓にも全部。……駿くんの時計が狂ってるんじゃない？」

「俺の腕時計の時間は合ってるし、そこの小学校は真っ暗だったと思うよ？」

「嘘！　学校中、電気が点いてたよ！　どういうこと？　……うわぁ、気になるぅ！」

このままでは夜も眠れないと未妃さんが訴えると、駿さんは「しょうがないなぁ」と、もう一度、バイクのエンジンを掛けた。

歩いても五分の距離である。駿さんたちのバイクは、たちまち小学校の前に到着した。

信じられない気持ちで、完全に消灯された校舎を未妃さんは眺めた。

どの窓も、暗闇に閉ざされていた。

そして女の子の姿は無かったが、跳ねていた辺りに、さっきの子によく似た少女の石像が建っていた。


それから少しして、未妃さんと駿さんは入籍した。

新婚当初は駿さんのアパートで暮らした。未妃さんは、あの夜から件の小学校と石像をときどき観察していたが、ああしたことは二度と起きなかった。

三年後、二人は家族を増やす計画を立てて、少し広い家に引っ越した。

新居に移って荷ほどきをしていたとき、未妃さんは、グーグル・ストリートビューで、昨日まで住んでいた町を見ることを思いついた。

パソコンをインターネットに接続して、マップにある道路沿いの景色を映し出した。

お別れを告げるような気持ちで、見慣れたアパートや商店街を眺めた。

……が、あの小学校の正門前を見た途端、心臓がギュッと固まった。

石像の斜め後方にある窓から、年輩の女がこちらを真っ直ぐに睨みつけていたのだ。

ストリートビューの写真は、カメラを搭載した車で道路を走りまわって撮影されたものだから、きっとカメラに気づいた瞬間に偶然シャッターが押されたに違いない。

しかし未妃さんは自分が睨まれていると感じた。女の表情が強烈で、こんなに憎悪を露わにした人には会ったことがないと思うほどだったのだ。

そのときは直ちにパソコンの画面を閉じた。

でも、少しすると怖いもの見たさが募り、恐る恐る再びストリートビューで確かめてみたのだった。

すると、女の子の石像には変わりがなかったが、窓の女は消えていた。

出る店

未妃さんは、独身の頃、二四時間営業のカラオケ屋でアルバイトしていた。

にぎやかな商店街のはずれ、店と人通りが途切れてきた辺りにある八階建てのビルの一階から六階までが、彼女が働いていた店舗で、七階と八階には店の事務所が入っていた。

ビルのすぐ裏手を汚い小川が流れ、商店街の中心や地下鉄の駅からは離れており、お世辞にも商売に適した環境とは言えないと思うのに、なぜか客足が途絶えない店だった。

客商売をする人々の間には「幽霊は客を呼ぶ」というジンクスがある。

このカラオケ店には幽霊がいる。だから繁盛している――と、従業員の間で信じられていた。ことに店長は『出る』ことに揺るぎない自信を持っていて、その根拠として、

「裏の小川で、昔、たくさん女が殺されたから」

と、言っていた。

殺人の記録までは不詳だが、江戸時代の一時期、この辺りに違法な色町が存在したことがあったのは事実だ。あまり長続きせず、幕府の取り締まりを受けて潰され、川沿いの跡

地に金魚の養魚場が何軒か出来たそうだが、それも今は無い。

古くからいる店員は、着物姿の女の幽霊を目撃したことが何度もあると話していた。客には秘密にしていた。が、従業員の間では、幽霊がいることは内緒でもなんでもなく、また、そこに疑いを差しはさむ者もいなかった。

つまり、それほど、出た。

未妃さんも、ここでアルバイトしはじめるとすぐに、さっそく奇妙な体験をした。

あるとき、一階のフロント・カウンターで店長と待機していたところ、六階の一室でインターホンのブザーが鳴らされた。

ちなみにここでは、各カラオケ・ルームに備え付けのインターホンから飲食物を注文できる仕組みになっていた。ブザーを鳴らして、通話に応じた店員に口頭で飲み物やスナックを注文したり、注文を取りに来させたりできるのだ。

六階のカラオケ・ルームは三室で、両端が団体客向けの大きな部屋、中央に四人用の小さな部屋があった。

インターホンのブザーは、その四人部屋で鳴らされたものだった。

ところが、フロントのモニター画面には、そこの部屋番号が青く表示されていた。

青は空室、赤は使用中だ。

両隣の団体客向けの部屋は赤、つまり使用中であった。

店長が「酔っぱらいのイタズラだろう」と未妃さんに言った。

念のため、通話をオンにして「はい」と応えてみたが、返事がなかった。

そこで、店長と話し合って、団体客の誰かが空室のインターホンを押したに違いないから、注文を取りに行く必要はないということになった。

それから数分して、今度は団体客から注文が届いた。未妃さんは注文された飲み物を満載にしたトレイを六階に運んだ。

必然的に、運ぶ途中で四人部屋の前を通ることになった。

各室の扉はガラス戸で、防犯のために、廊下から室内のようすがくまなく見えるように出来ている。四人部屋の前に差し掛かったとき、さっきのことが頭の隅にあったせいか、半ば無意識に扉へ視線を送った。

ガラス越しに、色白でほっそりとした腕が見えた。

ドアノブに手を掛けて、力いっぱい押し引きしている。頑張って開けようとしているのに、どうしても開かない。そんなようすだ。

しかし、その割に扉は揺れていないし、ドアノブも動いていない。この店のカラオケ・ルームの扉は、軽い力で簡単に開くように出来ていた。鍵も付いていない。

変な女の人がいる。未妃さんは動揺しながら四人部屋の前を通りすぎて、まずは隣の団体客に飲み物を届けた。

それから、恐る恐る、再び四人部屋を確認したのだが、もう白い腕は見えず、その部屋にも廊下にも誰もいなかった。そして、エレベーターは未妃さんが来たときのまま、この階に停まっていたのである。

また、別のときには、こんなこともあった。

未妃さんがフロントで受付を担当している際に、男性三人のグループを四階の隅の部屋に通した。エレベーターに乗って四階に行く三人を見送り、フロントに控えていると、一、二分で、さっきの三人組が不機嫌な顔で戻ってきた。

「先客がいたよ。困るじゃないか」

居合わせた店長が、慌ててモニターを確認した。

「いえ、空室のはずですが……」

「でも、女の人が一人でカラオケしていたんだ。三人とも見たから間違いない」

扉を開いて先客に気づき、「失礼しました」と言ってすぐに閉めたということだった。

店長が「どんな人でした？」と訊ねると、「スーツを着たOL風のおねえさん」という答え。一人で来た若い女性客なんていたかしら……と未妃さんは疑問を感じた。

しかし、とりあえず、店長と一緒に客に付き添って件の部屋まで行くことになった。

行ってみたら誰もいなかったが、ただし、カラオケの電源が入っていて、マイクやメニューがテーブルに散らばっており、明らかについ今しがたまで人がいた形跡があった。

三人組は互いに顔を見合わせて、「確かに女の人がいたのになぁ」と、首を捻っていた。

未妃さんは、この店で、七年近く働いた。勤めが長くなるにつれて、これと似たようなことが年に数回は起きるのがわかり、幽霊の存在を受け容れるようになっていった。

他の店員もそうで、長く勤めている者は全員「幽霊慣れ」していた。皆、さほど怖がっておらず、未妃さんが知る限り霊現象に怯えて店を辞めたのは一人だけだという。

それは大学生の男の子で、辞める原因となることが起きたとき、彼は未妃さんと同じシフトに入っていた。

このカラオケ屋と経営母体を一にするレンタルビデオ店が近くにあり、ときたま、お互いにアルバイト店員を融通し合っていた。そのときは年末の繁忙期で、カラオケ屋は連日の大盛況。人員が足りなくなって、レンタルビデオ店からスタッフを一人派遣してもらうことになったのである。

そこでやってきたのが彼だった。店としては、飲食物を運んだり部屋を片づけたりという、ごく基本的なことを手伝わせるつもりだった。

彼が来てすぐに、六階の団体客が立ち去ったので、さっそく片づけに行かせた。

しかし、ものの三分もしないうちに一階のフロントに戻ってきて、

「見ちゃいました！　もう無理です！　僕、帰ります！」

と、未妃さんに訴えた。

未妃さんは困って、とりあえずバックヤードに連れていって話を聞いた。

「団体さん用の部屋に着いたら、ガラス戸越しに、白い着物を着た長い黒髪の女の人がボーッと立っているのが見えました。典型的すぎる幽霊だし忘年会シーズンだし、宴会用のコスプレだ、幽霊のコスプレの人が置いてきぼりにされちゃったんだと思って……」

順当な考え方である。彼は、掃除用具を持って部屋に入りながら、「皆さん帰られましたよ」と、その女性に声を掛けた。

「女は、僕が入ったときには、まだ部屋の奥に立っていました。でも、ほんの一瞬、目を

離した隙に消えたんですよ！」

扉から出るには自分の前を通りすぎないわけにはいかない、また、そんな時間もなかったから、煙のように消えたとしか思えない。

ベソをかきながら彼はそんな話をし、未妃さんたちが引き留めるのも聞かずに帰ってしまった。挙句の果てにレンタルビデオ店のアルバイトまで辞めたそうだから、よほど怖かったのだろう。

未妃さんがカラオケ屋を辞めて二年ほど後のこと、店長からスマホに連絡が入った。

懐かしいな、何だろう？　と、思いつつ、送られてきたメッセージを見たところ、未妃さんも知っている経理担当の女性社員が飛び降り自殺したという報告だった。

——このビルから飛び降りるところを、ちょうど通りかかったタクシー運転手が目撃していた。いつも彼女が八階の事務所に出勤してくる午前八時頃のことで、遺書が無かったため、警察の方では、衝動的に自死したと推測できると言っている——。

これだけなら、よくある飛び降り自殺という印象だ。世間は何も疑問に思わないだろう。

しかし、店長によれば、担当した警察官たちと自分たちカラオケ屋のスタッフにとっては、いつまでも奇妙な点が残る、不可解な事件になったとのこと。

なぜなら、カラオケ屋のビルは老朽化しており、屋上の手すりが錆びていて危険なことから、屋上の出入り口は施錠した上に、鎖で内側から厳重に封鎖されているのだが、彼女が飛び降りた直後に警察が確認したところ、鍵や封鎖が解かれていなかった。

さらに、事件発覚時、八階の事務所の窓は閉まっていた。この窓は、窓辺に事務機器や本棚が置かれていて、かなり前から開けることが出来なくなっていた。

そして、二階から七階は、道路側の窓が全て閉めてあっただけではなく、店員や客がいて、誰にも気づかれずに飛び降りることが不可能な状況だった。

つまり、どこから飛び降りたのかわからなかったのだ。

遺体の状態は無惨で、高所より落下して地面に叩きつけられたことが明らかなのだが。

警察では他に選択肢がなかったことから、八階の窓から飛び降りたと結論づけたのだという。彼女が飛び降りたすぐ後で、それに気づかなかった他の職員が窓を閉めた、それ以外には考えられない、と……。

「でも、君ならわかると思うが、八階は、窓の前が棚や物で隙間なく埋まっていて、あれを乗り越えて窓を開閉することなんか出来るわけがないんだ。棚や何かがどかされたりずらされたりした形跡もなかったしね」

店長だけではなく、関係者は全員、納得できずにいるということだった。
事件後、このカラオケ屋は急に経営不振に陥って、たちまち潰れてしまった。

ノネナール

雅紀《まさき》さんは新婚当時、大阪府内の賃貸マンションに住んでいた。

暮らしはじめて間もない頃、妻と連れだって帰宅したところ、寝室のクローゼットから異音が聞こえてきたことがあった。

人が楽に入ることが出来る大きさのクローゼットだった。

泥棒が隠れているのではないかと疑い、まずは慎重にようすを窺った。

ゴトゴト、ゴトゴト……と、閉まっているクローゼットの扉に内側から何かが断続的に当たり、衣擦れの音が漏れてくる。

不審者が潜り込んでいるのだ。そう確信した雅紀さんは、妻を離れたところに避難させておき、玄関から取ってきた傘を片手に構えると、思い切ってクローゼットの扉を開けた。

開いた途端、クローゼットの中から強烈な加齢臭が押し寄せた。

老人の臭い。いわゆるノネナール臭だったが、猛烈に濃く、雅紀さんが思わず咳込んでしまったほどだ。

しかし肝心の不審者の姿が見当たらない。クローゼットには服が掛かっているだけだ。

誰も隠れていなかったのだ。では、あの音はいったい……。

雅紀さんの妻も、クローゼットのそばに来ると、臭いに気づいて顔をしかめた。

「厭だ、オジイサン臭い！　あなたの体臭じゃないわよね？」

「まさか！　僕はまだ、そんな歳じゃないよ」

夫婦で顔を見合わせているうちに、漂っていた加齢臭は薄れて消えた。

それ以来、寝室で時折、その臭いがするようになった。

しかし、いつも臭いの主は見つからなかった。

やがて雅紀さんたち夫婦に娘が生まれた。娘が生後三ヶ月の頃のこと、寝室のベッドで川の字になって寝ていたところ、深夜、激しい赤ん坊の泣き声で叩き起こされた。

すると、自分たちの間に挟まれているはずの娘の姿がなかった。

娘は最近ようやく首が座ったぐらいで、まだハイハイも出来ないのに。

ギャンギャンと泣いている声ばかりが、真っ暗な部屋に響き渡っていた。

慌てて明かりを点けて周囲を見回したら、ベッドから離れた床に仰向けになっていた。

とりあえず急いで駆け寄る……と、娘を抱きあげた瞬間、濃厚な加齢臭が雅紀さんの鼻を襲った。そのとき、この臭いの主が、娘を抱えて床に落としたに違いないという考えが彼の頭に閃いた。

けれども、妻と手分けして探しても、侵入者も侵入した形跡も発見できなかった。

娘の可愛いおでこには青痣ができており、移動させられたときに、叩かれたか床にぶつけられたかしたようだった。

そんなこともあり、それから間もなく一家で京都府に引っ越した。

転居から数年後、ある日の宵の口、雅紀さんは、今はもう小学生になった娘の部屋のベッドで、ついうたたねしてしまった。

娘が寝る前に言葉を交わす習慣だったのだが、その夜は娘が入浴から戻ってくるのが遅く、ベッドに腰かけて待っているうちに居眠りしてしまったのである。

突然、間近でゴトッと物音がして、目が覚めた。

娘が来たのだと咄嗟に思った。が、違った。

しかし再びゴトゴトと音が……。そう、この家に越してくる前に住んでいたマンションで聞いたのと同じ音が、娘のクローゼットから聞こえてくるではないか。

ギョッとした途端に下半身が痺れはじめた。

痺れがどんどん強まる。何者かが自分を逃がすまいとしているかのようだった。

雅紀さんは、いずれまったく動けなくなってしまうことを予感した。

そこで必死で、転げ落ちるようにベッドから下りると、床に這いつくばり、動かない下半身を引き摺って廊下に出た。

部屋から這い出したところに、下半身の痺れがいきなり完全に治った。

その翌日のこと。

この日は土曜日で、午後一時頃から、娘の小学校の友人たちが家に遊びに来ていた。

夕方になっても、娘たちはまだにぎやかに盛り上がっていた。離れた部屋で読書していた雅紀さんにも、娘の部屋の方から楽しそうな笑い声が伝わってくるのだった。

と、娘たちの笑い声が、にわかに悲鳴に変わった。

すわ一大事！　と、雅紀さんが娘の部屋に駆けつけると、娘の部屋にあったハンガーラックが倒れていた。

このハンガーラックは、頑丈な突っ張り式のポールを天井と床に渡して、数ヶ所にハンガー掛けや小物を入れやバスケットを取りつけた形のものだ。

娘たちによると、少しも触っていないのに急に倒れたのだという。幸い全員無事だったが、ポールやバスケットは金属製で、もしも当たったら怪我をするところだった。

雅紀さんは、ハンガーラックをただちに元通りに直すことにした。

そこで、娘たちを別の部屋に行かせて、廊下にある物置に工具箱を取りに行ったのだが、物置の戸を開けたところ、またあの臭いが溢れだしてきた。

なぜこんなものにつきまとわれることになったのか原因がわからないが、今もときどき家の中に加齢臭が漂うのだと雅紀さんは言う。

大江山のハミング

雅紀さんが妻子と暮らすマンションは、京都府の大江山《おおえやま》の麓にある。部屋の窓やベランダと大江山の間に視界を遮るものがまったくなく、四季折々に色づく山肌がダイレクトに眺められる。

大江山は、丹後半島の付け根、丹波と丹後の境界にある連山だ。千丈ヶ嶽の別名を持ち、標高は最も高いところで八三二メートル。スキー場があり、ハイキングやキャンプなどの行楽地としても知られ、国定公園に指定されている。

大江山は数々の伝説を有し、ことに鬼退治伝説は三つも伝えられている。

一つは、崇神《すじん》天皇の弟の日子坐王《ひこいますのみこ》が土蜘蛛陸耳御笠《つちぐもくがみみのみかさ》を退治したという『古事記《こじき》』の逸話。

二つ目は、聖徳太子の弟の麻呂子《まろこ》親王が、英胡《えいこ》、軽足《かるあし》、土熊《つちぐま》を討ち取った話。

三つ目、これが最も有名な、酒呑童子《しゅてんどうじ》の伝説だ。源頼光と頼光四天王が活躍するこの物語は、能の『大江山』をはじめ、さまざまに描かれているので、知らぬ者がない。

このような伝奇ロマンに溢れ、雄大な景色を誇る大江山が、雅紀さんたちの住むマンションから見渡せるわけだが、彼らの部屋では怪異が頻発するのだという。

まず、毎日早朝に、大江山の方から不思議なハミングが聞こえてくるのだった。

雅紀さんは作曲家であり、聴覚に優れており、音の種類や音源の方向を聴き分けることが得意だ。

彼によれば、ハミングは間違いなく生の人声、そして大江山の方角から聞こえてくるそうなのだが、いくら山肌が見えるといっても山と彼のマンションの部屋の間には数十メートルの距離がある。山の中から歌声を届かせるには拡声器を用いるしかない。

しかし、マイクで拡声した音ではない肉声のような気がするうえに、声を張って朗々と歌いあげる感じではなく、フフフンと軽く鼻歌を歌うように聞こえるというのだ。

さらに明け方からマンションの外でハミングが始まるのを待っていると、いくら経っても始まらず、部屋にいて窓を開けると聞こえてくるのだから、奇妙である。

また、彼らの部屋のベランダからは、大江山だけでなく、山裾にある広大な霊園も見えるのだが、霊園を訪れる車を観察していると、墓地に近づいた車が猛スピードでバックしたり突然Uターンしたりして、慌てたように引き返していくことが度々あるとか……。

謎めいた現象は他にも存在する。

多くは、娘の玩具が勝手に動く、壁や天井が見えない手で叩かれる、四つ足の獣が歩きまわる音がするといった、ポルターガイスト現象やラップ音の一種のようなものだ。部屋から逃げ出したくなるほど怖かったり、実害を伴ったりした出来事も、数は少ないが、起きたことがあるそうだ。

あるときは、ちょうど妻と娘が外出していた折で雅紀さんしかいなかった家の中に、いきなり大勢の人々の気配が溢れた。

何の前触れもなく、姿が見えない者たちが何十人と現れて、家じゅうを歩きまわりながらコソコソと囁き合いだしたのだ。

向かい合わせに会話する声が何対も聞こえた。二、三人のグループを作って、てんでに話しながら移動しているようだった。全員、小声で、何を言っているのかまでは聴き取れなかったが、雅紀さんのことは誰もが完全に無視していた。

無視している証拠に、体の中を通り抜けていく者があった。また、人間ならありえない天井に近い高さからも声がしてきて、これは本当に怖かったとのことだ。

またあるときは、明け方にトイレに立って寝室に戻ったところ、大江山の方から大きな鳥の羽ばたきが聞こえたかと思うと、巨大な鷲《わし》のような茶色い猛禽《もうきん》類が滑空してきて、雅紀さんの顔に頭から突っ込んだ。

右目を嘴《くちばし》で突き刺されて、灼熱感を伴う激痛を感じ、意識を失ってしまった。

気がついたらベッドに寝かされていて、妻に介抱されていた。

妻によれば、朝、起きると、彼が寝室の床に倒れていたので驚いた、抱き起こしたところ、体が熱かったので体温を測ってみたら三八度もあった……ということだった。

時計を見ると、トイレに立ったときから三時間ほど経っていた。

猛禽の痕跡は無く、右目に外傷は見当たらなかった。

しかし瞼の裏に違和感があったので眼医者で診てもらった。眼病の所見は出ず、やがて熱も下がったけれど、この違和感だけは、数ヶ月経った今も治らないのだという。

消された

怪異体験談の募集に応えてくださった元弥《もとや》さんから、彼と懇意にしていた一九歳の女性、瑠海《るみ》さんにまつわる話を聴いた。

話の内容の大部分は、元弥さんではなく、瑠海さんが体験した出来事だった。

まず、今から一ヶ月ほど前に、瑠海さんからこんなことを打ち明けられたのだという。

その頃、瑠海さんの母は新車を購入することを検討中で、あるとき瑠海さんに自動車のカタログを見せると、ある車を指して訊ねた。

「赤いのと白いの、どっちがいい？」

瑠海さんは「どっちでもいい」と答えたが、その夜、母にカタログで見せられた車の赤い方が夢に出てきた。

夢では、母がその赤い車を運転していて、瑠海さんは助手席に乗っていた。二人で瑠海さんの弟を迎えに行こうとしているのだった。実際に弟は中学生で運動部に入っているが、夢でもそこは同じで、部活動が終わる頃合いに中学校へ行って、弟をピックアップすることになっていた。

二人が乗る赤い車は、やがて弟の中学校から近い、歩道のない一本道に進入した。するとと前方に、ランニングに励む運動着の集団が見えてきたので、母がスピードをゆるめた。どうやら弟の中学校の生徒たちのようで、中に弟も混ざっているかもしれないと瑠海さんと母は会話した。

ランニングする生徒たちは、こちらに尻を向けて一所懸命に走っているから、瑠海さんたちには気づいていない。一本道の両側は家が建ち並んだ住宅街で、乗用車が通り抜けられる路地もなさそうだ。「後ろから車が来るようすがないし、あの子たちについていけば目的地に辿りつくのだからゆっくり行きましょう」と母は提案すると、前の集団に追いつかないように、いっそう速度を落とした。

ところが、そのとき、後ろから何者かが駆けてきた。

母がバックミラーを見て気がつき、瑠海さんに注意を促した。

振り返ると、見知らぬ男が猛烈な速さで走ってくるところだった。

人間が二本の足で走るにしては異常なスピードで迫ってきて、たちまち、顔の表情が見分けられるほど、車に接近した。

激しい憤怒に引き歪んだ、殺気立った表情であった。

しかも、なぜか真っ直ぐに瑠海さんを睨みつけていた。

目が合ってしまい、思わず瑠海さんは悲鳴をあげた。

「おかあさん、逃げよう！　あの人、怖い！　追いかけてくるよ！」

母は車のスピードを上げた。けれども前にはランニングする中学生の集団がいる。ぐんぐん彼らに近づいていく。母はクラクションを鳴らそうとしたが……。

しんがりを走っている子が弟だったことが、母と瑠海さんは同時にわかってしまった。クラクションを鳴らせば、弟が瑠海さんたちを認めてこちらにやってくるだろう。すると、後ろから来る怖い男が弟に気づいてしまう……。

「降りて、逃げるよ！」母はそう叫んで車を停めると、運転席のドアを開けた。「ほら、あんたも急いで！」と急かされて、瑠海さんも降りた。

最初は母と手をつないで住宅と住宅の隙間を縫って逃げていたが、そのうち手と手が離れ、母とはぐれてしまった。

男の追跡は執拗で、もう撒いただろうと思った途端に、建物の陰からニュッと姿を現すのである。瑠海さんは怯えて泣きベソをかきながら、あみだくじのように入り組んだ小径を縦横に走りまわった。

しかし、とうとう男に捕まってしまった。T字路の縦線にあたる路地を出口をめがけて駆けていたら、走り抜ける直前に男が目の前に現れ、立ちはだかったのだ。

絶望して地面にへたり込んだ瑠海さんの頭をめがけて、男が、何か大きな得物を振りおろした――。

と、こんな悪夢を見たので、瑠海さんは赤い車を不吉だと思い、「白い車にして」と母にお願いした。

その数日後、母が彼女のスマホに「昔、遊園地であなたを撮った写真が出てきたんだけど、いる?」というメッセージを送信してきた。瑠海さんは「いる」と返信した。

すぐに写真のデータがスマホに届くものだと思っていた。しかし一向に届かない。

なんだろうと思っていたら、後で、母から四六判の紙焼き写真を手渡された。

瑠海さんが五、六歳の頃に、フィルムで撮った写真だった。アルバムに入れそびれていた古い写真とフィルムを整理していて、これを見つけたのだそうだ。

「カメラ屋でこれと同じ写真が入ったフィルムをデータ化してもらったから、紙焼きの方はあげる」

あらためてよくよく見れば、十数年の歳月を経て、写真は少し変色していた。

大阪にある遊園地を両親と訪ねたときのスナップだ。アニメのキャラクターを模した等身大オブジェの横で、キャラクターと同じポーズを決めている幼い瑠海さんが写っていた。

そうそう、このときは弟がまだ赤ん坊で、おばあちゃんに預けて遊びに行ったんだっけ。

……と、とても懐かしく、また、瑠海さんは非常に愛くるしく撮れていた。

「でも、私の斜め後ろの方に数メートル離れて、夢に出てきた男が立っていたんだよ」

瑠海さんは、元弥さんに報告し終わると、怖そうに首をすくめて見せた。

「肌が妙に青黒い、中年の男なんだ。服装はベージュのズボンに白いシャツで、夢で見たのと同じだった。表情も同じ。やっぱり私のことを睨みつけてた。そのときの私はまだ小さくて、大人の男の人に恨まれるようなことをしたはずもないのに……」

これを聞いて元弥さんは好奇心に駆られ、その写真を見せてくれるように瑠海さんに頼んだ。しかし、瑠海さんは怖かったのですぐゴミ箱に捨ててしまい、もうゴミ収集車に回収されてしまった後であると説明し、

「だけど、おかあさんのパソコンにフィルムのデータがあると思う。家に帰ったらあの写真のデータをコピーして送ってあげようか？」

と、元弥さんに言った。

彼は喜んで、ぜひそうしてくれと彼女にお願いした。

ところが、翌日から瑠海さんと連絡が取れなくなった。

三日経ち、思い余って、元弥さんが彼女と知り合うきっかけとなったアルバイト先の飲食店に問い合わせると、「三日前から無断欠勤したままで、未だに連絡がないので、私共も心配しているところです」という答えが返ってきた。

瑠海さんが通っていた専門学校を訪ね、門のところで彼女の同級生をつかまえて行先を訊ねても、返事はほぼ同じだった。

「ずっと無断欠席していて、スマホでメッセージを送っても既読がつかないから、みんなで心配しています。昨日はご両親が学校に来ていたみたい。何か事件に巻き込まれたわけじゃないといいのだけれど……」

瑠海さんは行方不明になってしまったのだ。

元弥さんは、瑠海さんのご両親と連絡を取りたいと思っているが、ご両親や家の固定電話の電話番号やメールアドレスなどを知らないので、まだ連絡を取っていない。

家の住所は知っているけれど、例の写真のデータを送信させようとしたことが彼女の失踪と結びついているような気がしてならないので罪悪感を覚えて、ご両親に会うのが怖くなり、訪ねて行けない気持ちだ――。

「そうですか」と私は元弥さんに言った。

今まで、彼に電話でインタビューをさせてもらっていたのだ。

「写真を送信することと失踪に何か関係があると思うのは、なぜですか？　そこのところを、もう少し具体的に説明していただけるとありがたいのですが」

「彼女は家でおかあさんのパソコンを開いて、問題の写真を探したわけですよね。たぶん見つけたんじゃないかと思うんですよ。つまり彼女は写真の男を再び見てしまった。そのとき男の方でも瑠海さんを見つけたとしたら、どうでしょう？」

「……悪夢が再開される？　何かで殴られた場面の続きから始まる、とか？」

「ええ。あるいは、画面から男が出てきて、電磁的な空間に瑠海さんを引き擦り込んだ……とか。いや、そんなことはありえないというのは僕にもわかっているんですよ？　でも、本当に何の前触れもなく彼女は消えてしまったので……」

最後に「また何か進展があったら知らせてください」と頼んで、通話を終えた。

すぐに私はパソコンに向かった。さっそくこのインタビューの内容のメモを作ろうとしたのだ。だが、何も書かないうちにパソコンの画面がフリーズしてしまった。

そこでパソコンを再起動した。しかし完全に起ちあがる前に、今度は書斎の固定電話が鳴った。

無視しようと思ったのだが、しつこくベルが鳴りつづけた。

仕方なく受話器を取って「はい」と通話口に応えたところ、

「助けて」

と、若い女性の声がして、電話が切られた。

即座に着信履歴を確かめたが、今の通話に限らず、うちの電話機に記録されていた履歴が、なぜか全部消去されていた。

そして私は、これが単なる電話機の故障だとは思えずにいる。

タケダのVサイン

健太《けんた》さんは一枚だけ心霊写真を持っている。

何の記念に撮ったのかは忘れてしまったが、小学六年のときの集合写真で、健太さんを含むクラス一同がひな壇に並んで写っている。

よく見ると、後ろからひとつ手前の列にいるタケダの左肩から「Vサイン」をした手がニョキリと生えているように見えるのだ。

タケダは赤いシャツを着て、元気いっぱいの大きな笑顔だ。

手が左肩に乗っているなんて全然気がついていなさそうに見え、実際この写真が「心霊写真だ！」と級友たちの間で騒がれだしたときにも、「気づかなかった」と話していた。

常識的に考えれば、タケダの後ろに隠れた生徒が、左肩の上に手を突き出してVサインしているにきまっている。

しかし写真を見れば明らかにわかることだったが、ひな壇の最後列と手前のタケダたちの列との間には一〇センチぐらいしか隙間がなく、人が隠れるには狭すぎた。

それにタケダの後ろや両隣の生徒たちは「そんな悪戯をしている子はいなかった」と口を揃えて証言していたし、こっそり腕を伸ばしてタケダの肩の上で手首を垂直に立てて人差し指と中指で「V」を作れそうな位置には誰も立っていなかったのだった。

だから、これがクラスで配られるとすぐ大騒ぎになり、タケダはしばらくの間、「呪われた!」だの「幽霊にとり憑かれた!」だのと揶揄されるはめになった。

気が弱い子だったらビビッていたと思う。でも、タケダは逞しいやつだったから、かえって面白がっていた。

「親に頼んでお祓いに連れていってもらったら?」と勧める女子もいたけれど、タケダは「しないよ!」と一蹴していた。「お祓いなんて、くだらないよ!」てなもんである。

その頃、タケダは他三人の仲間と作っていた不良っぽいグループのリーダー格で、何かとイキがる傾向があったから、強がっていたのかもしれない。

やがて、心霊写真のことは話題に上らなくなり、健太さんもしばらく忘れていた。

思い出したのは中学三年生の夏休みのことだった。八月上旬のある日、小学校時代の緊急連絡網を使って、かつてのクラスメートの親から家に電話がかかってきたのだ。

聞けば、タケダのグループが盗難バイクを乗り回していて事故を起こし、二人は即死、一人は重傷で病院に搬送されたが恐らく助からないというのである。

タケダのグループは四人とも地元の公立中学校に進学した。

小学生の頃はそれらしいファッションと喧嘩好きなことぐらいで不良ゴッコをしていた彼らだったが、中学生になってからは恐喝や窃盗に手を染め、れっきとした非行少年へと進歩を遂げているという話だった——隣の学区にある公立中学に通っていた健太さんの耳にまで噂が届いたぐらいだから、相当に悪かったのだろう。

重傷で入院していた一人も後日、亡くなった。

三人も逝ってしまったわけだが、リーダー格のタケダはその中に入っていなかった。

タケダは、その日に限って三人とつるんで出掛けることなく、家で大人しくしていたのだった。一緒にバイクを盗みに行っていたら、彼も死んでいた可能性が高い。

この出来事を受けて、健太さんたち同窓生の間では、あれはタケダの守護霊のVサインだったのだと囁かれるようになった。

宮柱の娘　～見るなの岩と馬の首～

美津子《みつこ》さんは、昭和三十年代後半に、とある山麓の集落で生まれた。深く山々が連なり、谷底を渓流が流れる北九州の内陸部。彼女の父方の一族は、ここに出雲国《いずものくに》（現在の島根県東部）からやってきた神官の末裔で、自らを「宮柱《みやばしら》」と称していた。

一般的には、宮柱とは宮殿や神殿の柱のことだ。神職の家は「社家《しゃけ》」と呼ばれる。そこを敢えて宮柱と名乗ることから、「この一族で神社を支えているのだ」という自負の強さが窺える。

宮柱が来る前、ここは杣《そま》の集落だった。彼らは奈良時代前期に突然現れて、「神殿を建てる」と宣言し、先住者である杣人たちから土地を召し上げて居ついたのだという。

そして、それまで縄文時代とさして変わらない暮らしを続けていた人々に文化と信仰をもたらし、神道を軸とした秩序を集落に根づかせた。

宮柱は集落の尊敬を集めた。だが、その一方で、千年の時が過ぎても消えない恨みと妬みを先住者から買った。昔、土地を奪ったせいもあったが、それればかりではない。宮柱の人々は豊かで、元から住んでいた杣人は貧しく、この格差が長く固定されたからである。

これから綴るのは、宮柱の娘である美津子さんから聴いた彼の地での出来事だ。

どの話の根底にも、独特の習俗と人々の葛藤の歴史が流れている。

そして呪いと祟り、新旧の謎めいた殺人にまつわる奇譚・怪談ぞろいである。

出身地差別に繋がる恐れがあるため、固有名詞は伏せた。今は途絶えてしまった慣習にも言及するので残念な気もするが、読み物として楽しんでいただければ重畳と思う。


さて、まずは美津了さん生誕前夜のこと――。

美津子さんの母は東北地方の出身だった。巫女《みこ》の家系に生まれ、宮柱の嫁に相応しいと言われて嫁いできたものの、初めのうちは、なかなか土地に馴染めなかったようだ。

彼女がここに来た当初に衝撃を受けたことのひとつに、亥の子祭があった。

亥の子祭は毎年一〇月初旬の亥の日に行う万病除去・子孫繁栄のお祭りだが、関東以北には亥の子にまつわる行事を行う習慣がない。

美津子さんの母も、イノコと聞いても何のことかわからなかった。

初めて体験するお祭りで、この集落に伝わる亥の子唄を聞いて、脅かされたのだという。

「亥の子の晩に祝わぬ者は、鬼を生め！　ジャを生め！　角の生えた子を生め！」

夜の静寂《しじま》を破る少年たちの合唱――ここでは、この亥の子唄を歌いながら少年が各家を巡る習わしだったのだ。

山の夜は暗い。先頭の子は松明《たいまつ》を掲げ、ランタンや提灯《ちょうちん》を下げている子たちが後に続く。三つ四つから一四、五まで、みんな男の子だ。

彼らが玄関先を太縄で叩いたら、訪ねられた家の者は表に出てきて、まずは言祝《ことほ》ぐ。そして亥の子餅やお菓子を少年らに手渡すのだった。

西洋のハロウィンの行事に段取りも怪しさも似ているが、女の子は参加できないきまりだった。

それにしても……。鬼を産め、角の生えた子を産めというのも恐ろしいが、ジャは「蛇」だろうか、それとも「邪」だろうか。なんという残酷な脅しだろう。

これから母になろうという若い女性が戦慄を覚えたとしても無理はない。

「うっかりして呪われた村に嫁いできてしまった」と、彼女は後悔したとのことだ。

集落には、宮柱の一族とそれ以外の人々の間に、見えない壁が存在した。

美津子さんは苛められこそしなかったが、神降ろしの巫女に選ばれて潔斎《けっさい》のために断食させられ、一週間、自分だけ学校の給食を食べられなかったとき、周囲の誰からも労《ねぎら》われも同情されもしなかったそうだ。からかわれることもなかった。

給食の時間になると、美津子さんの机の周りに、透明なシャッターが下りるのだった。学校も黙認しており、その時期は、当然のように自分にだけは給食が配られなかった。担任の先生も、飢えている美津子さんを救おうとしなかった。

神降ろしの巫女は、年に一度、五月の大祭に先んじて、宮柱の娘たちの間からくじ引きで選ばれた。

この巫女は一人だけ。くじを引き当てれば、神さまに選ばれた子ということになった。

美津子さんは、八歳から一三歳にかけて神に毎年選ばれてしまった。名誉なことで誇らしくもあり、使命感を覚えもしたが、その都度、飢えと孤独に耐える覚悟が要ったという。

白羽の矢が立てられると、大祭前の一週間は潔斎しなければいけない。

この場合、潔斎とは断食のことだ。一週間、昼食は白湯を飲むだけ。朝晩の食事もお粥《かゆ》が重湯《おもゆ》へと次第に薄くされ、おかずも最後の二、三日は漬物すら無く、終いには完全な絶食となる。

五月の大祭は、五穀豊穣、悪疫退散、人畜無災を祈って、周辺地域から巨大な山笠を掲げた行列が神社まで巡幸する華やかな行事だった。

これを表の儀式とするならば、神降ろしはいわば裏儀式。集落の住民と宮柱の人々にしか知られていない、秘儀だった。

神降ろし用の小屋は、神社の境内の外にあった。

大祭の夜になると、神降ろしの巫女は神社から迎えが来て、そこへ連れて行かれる。化粧を施され、白い巫女の着物を纏い、手を引かれて夜道を歩いていく少女——彼女は飢餓状態に陥り、意識も朦朧としているのだった。

美津子さんは、そのときの感覚についてこう語った。

「頭がぼんやりしているのに、五感が研ぎ澄まされて、特に音には敏感になっていて、神降ろしの夜は、遠くで落ちた水滴の音も聞こえました」

神がかりな精神状態は、神降ろし小屋で真骨頂を迎えた。

小屋の中で正座している美津子さんを集落の人々が訪ねてきて、さまざまな相談をし、予想を問う。今年の農作物の実り具合や害虫についてなど、農業や林業に関する相談が多かったが、中には、家族間の軋轢を解消する方法や結婚についてなど、個人的な質問もあった。

小学生にそんなことが答えられるはずがない。

「でも、神降ろしのときは、何を訊かれてもちゃんと答えられました。飢えと眠気で頭がぼんやりしているのに、口が勝手に動いて、大人のように話していたものです。質問の内容も自分が答えたことも、後になるとひとつも思い出せませんでした」

神降ろしは、朝日が昇るまで一晩中続けられた。

人々は果物やお菓子を持参して美津子さんに捧げていくので、夜明け頃にはごちそうの山が築かれた。「すぐにも食べたかったんですけど」と美津子さんは言う。

「胃が小さくなってしまっているので、重湯から始めて三日ぐらいで元の食事に戻すんですよ。辛かったけれど母が厳しくて……。母は他所から嫁いできたから、余計に土地や宮柱のやり方に従おうとしたのでしょう。夜に見てはいけない岩を見てしまったときや、入ってはいけない山で遊んだときなど、それはもう凄い剣幕で母に叱られたものです」

夜に見てはいけない岩というのは、ちょうど美津子さんの家のすぐそばにある崖から突き出した巨岩のことだった。

大人が三人立てるぐらいの広さがある平らな岩が、崖の頂き近くから突き出しており、奇観を呈していた。昔は崖の上から下りて岩に乗る者もあったそうだが、岩の下は深い谷底で危険なので今では誰も近づかない。

そんな奇岩が、子ども部屋の窓からよく見えたのだが……。

「あの岩は、昼間はいいけれど、夜になったら決して見てはいけないよ」

両親から、ずっとそう諭されてきたのだった。

けれども、六歳にもなると「どうして？」と訊き返すようになった。

ところが親は、いくら訊いても理由を教えてくれなかった。

次第に興味をそそられた美津子さんは、ある晩、とうとう岩を見てしまった。

最初は何もなかった。群青色の夜空に黒々と岩のシルエットが浮き出し、山の樹々が夜風に梢を揺らしている……。

と、突如、岩の上にとても小柄な、おそらくは自分と同じぐらいの子どもだと思われる人影が立った、と思うや否や、飛び降りた。

下は断崖絶壁だ。落ちたら死んでしまう！

「お母さぁん！　たいへん、たいへん！」

美津子さんはすぐさま母のところへ駆けていって、岩から子どもが落ちたと報告した。

すると母はたちまち憤怒の形相になり、美津子さんの頬をピシャンと平手で叩いて、

「なんてことを！　見るなと言ったのに！　あれを見たら、次にあそこから落ちるのは美津子、あんたなんだよ！」

と、叫んだ途端に泣き崩れた。

――昔、この辺りでは飢饉《ききん》になると、口減らしのために子どもをあの岩から落として殺していた。そのため岩に呪いがかけられ、夜になると子どもの影が。立って、落ちる。その影を見た子どもは、明くる晩に、同じように岩から落とされて死んでしまう。だから子どもは決して夜にあの岩を見てはいけない――。

この伝説を美津子さんが聞かされたのは、お祓いが済んだ後だった。

まずはお祓いを受けたのだ。「そのお祓いが普通ではなくて」と美津子さんは苦笑した。

「母が泣きながら父を呼び、母から話を聞くと父は真っ青になって私を抱きかかえて神社に走りました。それから両親と神主さんとで、怯えて厭がる私を、境内にある小さなお宮に押し込んだんです。広さは一畳ぐらいで窓も電気も無く、床の隅に排泄用の穴があって、あとは食べ物や飲み物を入れるための小さな出し入れ口があるだけの変なお宮でした。そ

の夜はそこで、祓串《はらえぐし》を頭のまわりでバサバサと振り回されながら祝詞《のりと》が唱えられ、太鼓がドンドン打ち鳴らされて……。私は怖くて泣いているばかりで……」

美津子さんは、その狭い小屋のようなお宮に三日三晩監禁された。

母がときどき訪ねてきたが、「おかあさん以外の人には、出し入れ口を開けてはいけないよ」と注意されていた。

来ると母は壁を一つ叩いて合図した。「美津子、起きてる?」と。

美津子さんも壁を叩いて、「うん」と返事をした。

壁越しに母と言葉を交わすことだけが救いだったという。

「あとはずっと、言いつけを守らなかったことを悔やんで、シクシク泣いていました」

夜は恐怖であった。電灯がないお宮の中は真っ暗闇。蒲団どころか座布団すらなく、畳ならまだしも板敷きの床で、横になってしばらくすると節々が痛んだ。

いちばんそばにいてほしい夜更けには、母は訪ねてこないのだった。

二日目。夜もだいぶ深まった頃、壁をコツンと叩くものがあった。

「おかあさん?」

問いかけても、返事がない。

ただ、再び何者かがコツンと壁を叩いた。さらに、三度、四度と続けて叩く。

美津子さんは、他の者が来ても食事の出し入れ口を開けてはいけないという母の言いつけの意味を理解した。

魔が攫《さら》いに来る。だから用心しなければいけない……ということだったのだ、と。

三日目の晩も何者かが壁を叩いた。美津子さんは手で耳を塞いで恐怖に耐えた。

それからしばらくして、岩の下で男の子の遺体が発見されるという事件があった。

近隣に住む、一学年下の小学生だった。子どもがなんの装備もなしに、ましてや夜、あの岩に登るのは難しいはずが、深夜、ひとりで行って岩から落ちたとしか思えない状況で、見つかったときにはすでに無惨な姿となって事切れていたそうだ。

死んだ子も、夜に岩から落ちる子どもの影を見てしまったのだろうか……。


足を踏み入れてはいけない山もあった。そこには見ると呪われる「馬の首」という物の怪が出没すると言い伝えられており、集落の人々は恐れて誰も行かなかった。

戦国時代、この界隈の杣人やお百姓は報奨金を目当てに落ち武者狩りに励み、多くの落ち武者を惨殺した。落ち武者の持ち物を奪っても、殺しても、お咎めがなかったのだ。

馬の首は、馬を持った落ち武者を捕らえるたびに馬を殺して食べていた結果、馬の生首が現れるようになったというものだった。

件の山は、山裾が小川に洗われていたので、実際に川岸で馬を解体したときの景色が、この伝説の原型になっている節があった。

美津子さんが七歳のときのことだ。

八月のお盆の時季だった。夏休み中で、暇を持て余した美津子さんは炎天下の川べりでしばらく遊んでいたが、川の水もぬるま湯のようで涼をもたらさず、しばらくすると暑くてたまらなくなってしまった。

日陰を探して周囲を見回すと、川の向こう岸の山が目に入った。

そこは「足を踏み入れてはいけない」と日頃から戒《いまし》められている山だった。

しかし、その山には下生えがほとんどなく、歩きやすそうな斜面が上の方まで続いているのが見えた。風が木の梢を揺らしており、腐葉土が敷き詰められた木陰の地面は、陽に晒された川原と違って涼しそうだ。

何も山の奥深くまで分け入ろうというのではない。麓のところで少し木陰を散歩するくらいなら、大丈夫なのではないか……。

そう思いながらあらためて川の向こう岸を眺めると、薄暗く翳った山の地べたがますます魅力的に思われてきた。

酷暑の最中であり、川は水量が減って川幅も痩せ、いちばん深いところでも美津子さんの脛《すね》ぐらいのものだった。辺りには誰もいない。

美津子さんは、思い切ってザブザブと川を渡った。

山の木陰に入ると、期待以上に快適だった。心地よい風が絶えず吹き過ぎ、地面からも冷気が上がってくる。嬉しくなって、ゆっくりと樹々の間を縫って登っていった。

少し経つと、突然、傾斜の上の方から、「チリン」と澄んだ鈴の音が聞こえてきた。

見れば、何かがこっちに向かって転がり落ちてくるところだった。

栗色をした変な形のものが、ゴロリ、ゴロリ、と、人が歩くような速度で転がってくる。

チリン、チリン、と、鈴の音をさせながら。

だんだん近づいてきて、間もなく、それの正体が明らかになった。

馬の首だ！

栗毛の馬の、首から上だけが、山の斜面を転がり落ちてきたのだった。チリンチリンと、なぜか鈴の音をさせながら、それはとうとう美津子さんの足もとまで来た。

目が、生きていた。艶のある澄み切った黒い瞳が、美津子さんを一瞥した。

そしてまたゴロリと転がって、麓の方までゆっくりと落ちていった。

そこで美津子さんは我に返って、馬の首が行ったのとは違う方向に山を駆け下り、家に逃げ帰った。

「あら、おかえりなさい。暑かったでしょう？」

出迎えてくれた母に、叱られるのを覚悟の上で今見たものを打ち明けようしたのだが。

「あのね、お母さん、……クッ！」

言いかけた途端、喉の輪がギュッと閉じる感覚があり、声が出なくなった。

馬の首以外のことは普通に話せた。しかし馬の首を見たことを告げようとすると声が出ない。この状態が何年も続いた。

そこで、馬の首の呪いとはこれだったのかと悟ったのだという。

中学一年生のある日、なぜか突然、普通に母に話すことが出来た。

母は美津子さんを叱りつけた。馬の首を見たのは数年前の出来事なのに、真剣に怒っていたとのこと。

新婚の頃は怖い亥の子唄に慄いていた母だったが、巫女の血筋の女性で、美津子さんによれば「少し霊感があった」そうだから、伝説や神秘的な掟に親和性があったのだろう。

集落には、他にも呪われた場所があった。鎧畑《よろいばた》と呼ばれる辺りは落ち武者の怨霊がいるとされていた。昔、殺した落ち武者の鎧をそこに埋めたのが原因だった。

馬の首に遭う前に美津子さんが遊んでいた川も、幽霊が出ると言われていたそうだ。

宮柱の娘　～血蟲の呪い～

美津子さんが小学六年生の頃に、彼女の両親は家を新築することにした。

この辺りで「宮柱」と呼ばれる古い歴史を持つ社家の一族の例に漏れず、美津子さんの父も集落内にそれなりに広い地所を有していた。そうでなければ、住み慣れた家で生活を続けながら、近所に新しい家を建てて竣工を待つことなど出来なかっただろう。

建設予定地は徒歩圏内だから、進捗状況を見に行ったり、工事作業員の人々に差し入れを持っていったりすることも容易だった。美津子さんと姉が転校する必要もなかった。

地鎮祭は滞りなく行われた。この頃までは美津子さんたち家族は、ただもう、新しい家の完成を楽しみにしていただけだった。

しかし、やがて美津子さんの母は、家の建築を任せた大工の親方に対して不満を持つようになっていった。

と、いうのも、彼女が建設現場に労いに行くと、いつも親方は酔っ払っており、しらふでいたためしがなかったのだ。

だが、親方の工務店は、この集落では老舗中の老舗であり、親方自身もルーツを辿れば宮柱の一族よりも古くからこの地に根づいていた杣人に辿りつくため、角を立てるようなことはおいそれとは出来ない。

なにしろ自分たちは、千年前、杣人から土地を召しあげた宮柱の家族なのだから……。

彼女は夫に「何かひとこと言ってやってくださいよ」とお願いしたが、揉めたくないのは美津子さんの父も同じことで、訴えを聞き流しつづけた。

そのうち、上棟式を迎えることになった。

この日、親方は常にも増して酔っ払って登場した。

上棟式では、最初に、棟梁《とうりょう》（親方）が幣串《へいぐし》と破魔矢《はまや》を棟木の高い場所に南を向けて飾ることになっている。ところが、親方はこれを首尾よく務めることが出来なかった。

時間をかけてようやく棟木に登ったものの、幣串と破魔矢の飾り方もぞんざいで、これには美津子さんの父も黙っていられなくなった。

酒・塩・米を撒く「上棟の儀」が済み、宴会が始まると、彼は早速、親方に苦言を述べた。

すると、親方はいきなり激昂して、美津子さんの父に殴り掛かってきた。

弟子たちの前で叱られて、誇りを傷つけられたのか。それとも……。宮柱一族と先住者との暮らし向きの格差は千年以上も固定され、その結果、宮柱は恨みと尊敬という相反する感情を住民の多くから向けられている。

……住んでいるのとは別に、二軒目の家を建てるのは贅沢なことだ。

結局のところ、居合わせた年寄り連中が双方をいさめて、形だけは円く収まった。

だが、親方は反省したようすがなく、宴会が終わって立ち去る際に、再び憤怒の形相を浮かべて、美津子さんの父を睨みつけたのだという。

上棟式で一波乱あったものの、家は予定通りに完成した。

全体に重厚な造りで、太い柱に支えられた玄関は庇《ひさし》が深く、三和土《たたき》は広々としていた。周囲の景観も素晴らしかった。家の正面に二車線の道路があるが、残り三方を木立に囲まれ、道路の向こうは深い山だった。隣家からは数百メートルも離れており、人の目や騒音とは無縁の環境だ。庭も広く、美しかった。

ところが、美津子さんは、上がり框《かまち》から続く艶やかな廊下に一歩、足を踏み出した途端に、家の中が暗いことにたじろいでしまった。

半透明の黒いフィルターをかけたかのように、怪しげな暗さが屋内を覆っていた。

それまでは、今日から新しい家に住むのだ、と、胸を弾ませていたのだ。

厭だ。ここで暮らすのかと思うと、気が滅入る。

戸惑いつつ、傍らにいた姉を見やると、姉も沈んだ表情をしていた。

父と母も、少しも嬉しそうにしていない。

この家は何かがおかしい。もやもやと、悪い予感がした。


その日の深夜、突如、大きな音が家中のいたるところで轟き、壁や天井を震わせた。

二階の自室で眠っていた美津子さんは、鼓膜を殴られたように感じて跳ね起きた。廊下に走り出ると、隣の部屋から飛び出してきた姉と鉢合わせしそうになった。

姉は顔を引き攣らせていた。

「ドアが、開いたかと思ったら閉まるのが見えた……」

「おねえちゃんの部屋のドアが？」

そこへ、両親もやって来た。

「二人とも大丈夫か？」「あんたたち、何かした？」

美津子さんと姉は顔を見合わせた。姉が答えた。

「私も美津子も何もしてない。怪我もないよ。でも……私、部屋のドアが勝手に開いて、凄い勢いで閉まるところを見ちゃった」

するど、母が怯えた表情で口を開いた。

「お父さんと私も、自分たちの寝室のドアがひとりでに開いたかと思うと、乱暴に閉まるのを見たんだよ。それに一階からも、バターンと大きな音がしたと思うの。玄関やお勝手口も同じようになったんじゃないかしら。だって物凄い音だったでしょう?」

そこで、全員で一階に下りて、玄関と裏口の状態を調べてみたところ、どちらも鍵とチェーンが開いていることがわかった。

いずれも、寝る前に施錠した上でチェーンが掛かっていることを、父と母がそれぞれ確認していたのだが……。


ひとりでに物が動く現象は、この後も頻繁に発生した。

翌日には、食器棚の中で皿や茶碗がガチャガチャと騒ぐ、椅子が勝手に動くなどして、家族を驚かせた。

触りもしない襖が開閉する、水道の蛇口が勝手に開いて水が出るといったことも起きた。昼夜を問わず頻発するので、こうした、いわゆるポルターガイスト現象には、程なく家族全員が慣れてしまった。

不思議なことに、両親と姉、美津子さん以外の他人が家に居合わせると、怪異は鳴りを潜めるのだった。

また、引っ越してきてから、家族全員が体調を崩しがちになり、ことに美津子さんと姉については、原因不明の発熱や倦怠感に度々悩まされるようになった。

おまけに、父が営んでいた事業も、急に業績が悪化しはじめた。

母は、「この家に来てから良いことがない、早くお祓いを受けるべきだ」と主張した。しかし父は、怪異はすべて気のせいで、他のことについても、たまたま悪い事態が重なっているだけだと言い張った。

だが、引っ越しから三年ほど経ち、以前とは別の工務店に依頼して、家の増築が決まったときのこと、再び地鎮祭を執り行おうとしたところ、やにわに空が掻き曇り、突如、吹いてきた強風に祭壇が倒されるという事件が起きた。

白昼、父の親戚でもある神主や、巫女も居合わせる中での出来事だった。

これで父も考えを改めた。そこで即座に家族全員で厄祓いしてもらったわけである。

けれども、怪異は一向に収まらなかった。


ある日、学校から帰った美津子さんは、玄関から奥へ向かう廊下に母の姿を認め、「お母さん、ただいま」と呼びかけた。

しかし母は聞こえなかったようすで、奥へ奥へと歩いていってしまった。

その歩様が、なんだかいつもと違い、ずるりずるりと足を引き摺っていて、鈍い。

前に回り込んで表情を見ると、顔つきも普通ではなかった。

ぼんやりして、魂が抜けてしまったかのような無表情だ。

「やだ、どうしたの?」と、美津子さんは話しかけながら母についていって、一緒に居間に入った。

途端に、母の姿がスーッと薄くなって掻き消えた。

その直後、美津子さんの悲鳴を聞いて、台所の方から母が駆けつけた。

母はずっと台所にいたと言って、最初は美津子さんの話を信じなかったが、後日、今度は母自身が美津子さんの幻を目撃して、信じるようになった。

美津子さんは、姉の幻にも遭遇した。

姉の幻も無表情で動きが遅く、しばらくすると煙のように消えたのだった。

この時期、家族四人とも、お互いの幻をそれぞれ少なくとも一回は見たが、幻の家族が出現するのは家の中に限られた。

同じ頃に、増築工事を任せている工務店の親方が、この家に使われている木材や工法などを調べるために訪ねてきた折に、玄関に異常があることを発見した。

「庇の支柱が四本とも逆柱だ！　それにこれは相当な年代物だ。一般住宅の柱ではなく、元は寺か神社で使われていたものじゃないかと思う」

父は、これを聞いて青ざめた。宮柱である彼は、この家を建てる少し前に、神社で古いお堂を取り壊したことを知っていた。そして、その取り壊し工事を請け負ったのが、上棟式の日に喧嘩した親方だったのだ。

「あいつ、うちに呪いを掛けやがったな！　そのせいで奇妙なことが起きたり、みんな病気がちになったりしているに違いない。呪いの印が他にもあるかもしれないから、手分けして探そう」

家族全員で家中を点検することになった。

美津子さんは母と一緒に、懐中電灯を持って、屋根裏に上がった。

この家の屋根裏は物置として利用できる造りになっていたが、実際に使ったことはなく、引っ越した日に父がちょっと中を覗いただけで、足を踏み入れた者もなかった。

換気口からわずかな明かりが差すだけで、昼でも暗い。大型の懐中電灯で照らしながら、美津子さんたちは慎重に奥へ入っていった。

やがて、美津子さんの懐中電灯の明かりが、床から天井まで突き抜ける四角い柱を捉えた。美津子さんの胴回りより太そうだ。

母が「この家の大黒柱だ」と言うと、大黒柱の四つの面を順繰りに上から下まで照らしはじめた。美津子さんも母に寄り添って一緒に柱を調べた。

最後の面を見たときだ。

「あ、虫！」

真っ赤なムカデのようなものが、美津子さんの顔の高さで柱に貼りつき、懐中電灯で照らしたところ、クネクネと動きだした。

美津子さんは咄嗟に払い落そうとして、そちらに手を伸ばした。

するとその手の甲を母がピシャリと叩いた。

「触っちゃ駄目！　よく見てみなさい。これは虫じゃなくて、血蟲だ！」

母の剣幕は尋常ではなく、また、非常に怯えているようなので、「チムシ？」と問いつつ、虫をよくよく観察すると、それはもう動いていなかった。

いや、そもそも動くわけがないものだった。

鮮やかな赤い液体で描かれた、見ようによっては蛇にも似ている、「蟲」の絵だったのだ。

「血蟲というのは、この辺りに伝わる呪いの術で、血でこれを描いて、憎い相手に呪いを掛けるんだよ。血蟲の血は真っ赤なまま、決して乾かないし、触ったら最悪死ぬと言われている。大黒柱にこんなことをされたら、もうこの家はお終いだ……」

両親は逆柱と血蟲の呪いを解く方法を模索し、神社にも相談したが、これらを解くには時間とお金が相当かかることがわかっただけだった。

だったら、いっそのこと引っ越した方がいい――それにまた、問題の親方と同じ集落で暮らしつづけるのが耐え難いと母は父に訴えた。親方を法的に訴えることも父は検討したようだった。しかし、宮柱である父よりも、親方の味方につく者の方がこの集落には多いかもしれず、事を荒立てた場合、かえって敵を増やしてしまう可能性があった。

だからよその土地に移るしかないと母は主張し、美津子さんと姉も賛同した。

しかし、父は、宮柱の一員としてここを離れることは許されないと訴え、苦悩していた。

四人は何度も話し合った。


その八月半ばの熱帯夜にも、夕食後に家族会議が開かれていた。

一階の居間に集まり、ああでもない、こうでもないと議論した。

居間には大きな掃き出し窓があり、このときは雨戸を閉めておらず、カーテンが開いていた。田舎であるせいか庭から訪ねてくる人が多く、また、周囲は山ばかりで人目を気にする必要もなかったので、ここのカーテンは寝る前まで開けておく習慣になっていたのだ。

話し合いは夜九時過ぎまで続き、その後は、各自、入浴したり、自室に引き揚げたりした。

翌日の午前一〇時頃、パトカーのサイレンが近づいてきて家の真ん前で止まった。

パトカーを停めて、降りてきたのは、刑事二人と集落にある駐在所の警察官で、玄関に招じ入れたところ、顔なじみの警察官が、「昨夜、ここで事件があったので、事情聴取したいそうです」と説明した。

その間にも、続々とパトカーや覆面パトカーが集まってきた。

ほどなく、居間の窓から庭越しに見える前の道路で、青い作業服を着た人々が何か作業をしはじめた。

とりあえず、刑事たちを居間に通した。美津子さんと姉も居間に呼ばれた。

「昨夜の八時から九時の間、皆さんはどちらにいらっしゃいましたか？」

そう質問され、父が代表して答えた。

「全員、この部屋におりましたが……」

すると「本当に、この部屋ですか？」と刑事は父に念を押した。

「ええ。七時半ぐらいから九時一〇分ぐらいまでいました。いったい何があったんです？」

刑事たちはその場では父の質問に答えず、その後、ひとりひとり個別に事情聴取を受けさせられた。

美津子さんは、昨夜、不審な物音を見たり聞いたりしなかったかと質問されたが、何も見なかったし聞かなかったと答えるしかなかった。

「昨夜、家の前に自動車が停められたことに気がつきませんでしたか？」

「いいえ。車が来たら音でわかります。そういう音は全然しませんでした」

「そんなはずがないんです。よく思い出してください！」

美津子さんには、わけがわからなかった。

その後、刑事たちは、美津子さんと姉に今日は外出するなと命じて、両親を警察署に連れていってしまったので、不安な気持ちのまま、何時間も過ごさなければならなかった。

何が起きたのか明らかになったのは、結局、その日の夕方になってからだった。

両親が帰ってきて、警察署で聞いたことを詳しく報告してくれたのだ。

それによると、昨夜の八時頃から九時頃の間に、家の前の道路で人が刃物で刺し殺されたのだという。

しかも、殺害現場は居間から真正面に見える位置なのだそうだ。

今朝早くに男性の遺体が近くの山林で発見され、容疑者の男もすぐに逮捕されたのだが、ここに車で連れてきて殺した後、遺体を山に運んで遺棄したと自供しているというのだ。

「うちの真ん前で殺したなんて、そんな馬鹿な、と、思うじゃないか。おまけにそいつは、助手席に乗せた被害者をどこで殺そうかと考えながら車を走らせていたら、ここで大きな廃屋を見つけて、これなら隣の家から遠く離れているから人を殺すのに向いていると思ったと言っているそうだ」

この父の説明を聞いて、美津子さんと姉は「廃屋？」と顔を見合わせた。

「窓ガラスが割れていて、廃墟になっていたそうだよ」と父は応えた。

「誰もいない建物の中や庭で散々被害者を追いかけ回した挙句、前の道路でとうとう仕留めたんだと。その間、怒鳴り合ったり、被害者が悲鳴をあげたりと大騒ぎしたけれど、廃墟しかなかったから誰にも気づかれなかったと話していて、何度訊問しても主張がブレないそうなんだ」

犯人の自供通り、道路には大量の血痕が残されていたが、家の敷地は足跡ひとつ発見されなかった。

この事件の直後、美津子さんたちは他所の町に引っ越した。

引っ越しをする日の朝、窓から外を見たところ、夜のうちに家の前の道路が陥没して大きな穴があいていることがわかった。

まるで家から出るのを邪魔するかのようだったが、これを見て家族全員震えあがり、かえって急いで外に逃げ出した。

するとそのとき、四人の足の間を縫うように、大きな鼠が一匹、廊下の奥から玄関を通って、外へ駆け抜けていったのだという。

「もう二度とあそこには戻りたくありません」と美津子さんは言う。

「父は宮柱としての務めがあるからと行事の度に帰郷していますが、よく平気だなと思います。……あの親方ですか？

なんでも、私たちが出ていった後、いくらも経たずに、亡くなったそうですよ」

あとがき　～怪談体験の申し開き～

今作『実話奇譚　怨色』が、これまでの拙著と趣が異なることにお気づきの方もいらっしゃることと思う。

重々承知していたのだ。実話怪談は、取材の手法や作品のスタイルが安定していた方が良い、と。作風を変えると、従来の作品を気に入って新作を手に取ってくださった読者さんの期待を裏切ることになる、と。

怪談デビューから五年余り。私は怪異体験談の周辺を取材して情報を積み上げていく、ルポルタージュ的な手法で実話奇譚を書いてきた。竹書房文庫から上梓した単著五冊も、そのやり方に依っている。ここで変化させることはリスキーだ。

然しながら今回は、より「体験」にフォーカスしたものを書くことになった。

実際の事件や歴史への言及は「体験」の理解を助ける場合のみ残し、比重を抑えた。臨場感を重視して、読者さんが登場人物の「体験」を「追体験」する邪魔になりそうな情報は思い切って削ぎ落した。人物の名前をアルファベットにすることも考えたが、性別がわからなくなるのでそれは止めて、但し苗字は不要とした。

誰に言われたわけでもない。

三年ほど前から、怪談会や講談で語り芸としての怪談に触れるようになり、その魅力の在り処を自分なりに研究してきた。

語り芸の怪談の醍醐味は「誰かの怪異体験を追体験すること」だ。これを「怪談体験」と呼ぶならば、過去に書いてきた拙著にもその要素は在ったが、さらに深い「怪談体験」を読者に届けたいと思ってしまった仕儀だ。

結果的に、なかなか読みよい、そして怖い一冊になったような気がする。

——今回も大勢の方からご協力を賜りました。取材させていただいた方々と、この本を御手に取ってくださった読者の皆さまに、心より感謝申し上げます。

令和元年　師走吉日　　　　川奈まり子

実話奇譚　怨色

2020年1月3日　初版第1刷発行

著者　川奈まり子
企画・編集　中西如（Studio DARA）
発行人　後藤明信
発行所　株式会社 竹書房
〒102-0072 東京都千代田区飯田橋2-7-3
電話03（3264）1576（代表）
電話03（3234）6208（編集）
http://www.takeshobo.co.jp
印刷所　中央精版印刷株式会社

定価はカバーに表示しています。
落丁·乱丁本の場合は竹書房までお問い合わせください。

ISBN978-4-8019-2126-9 C0193

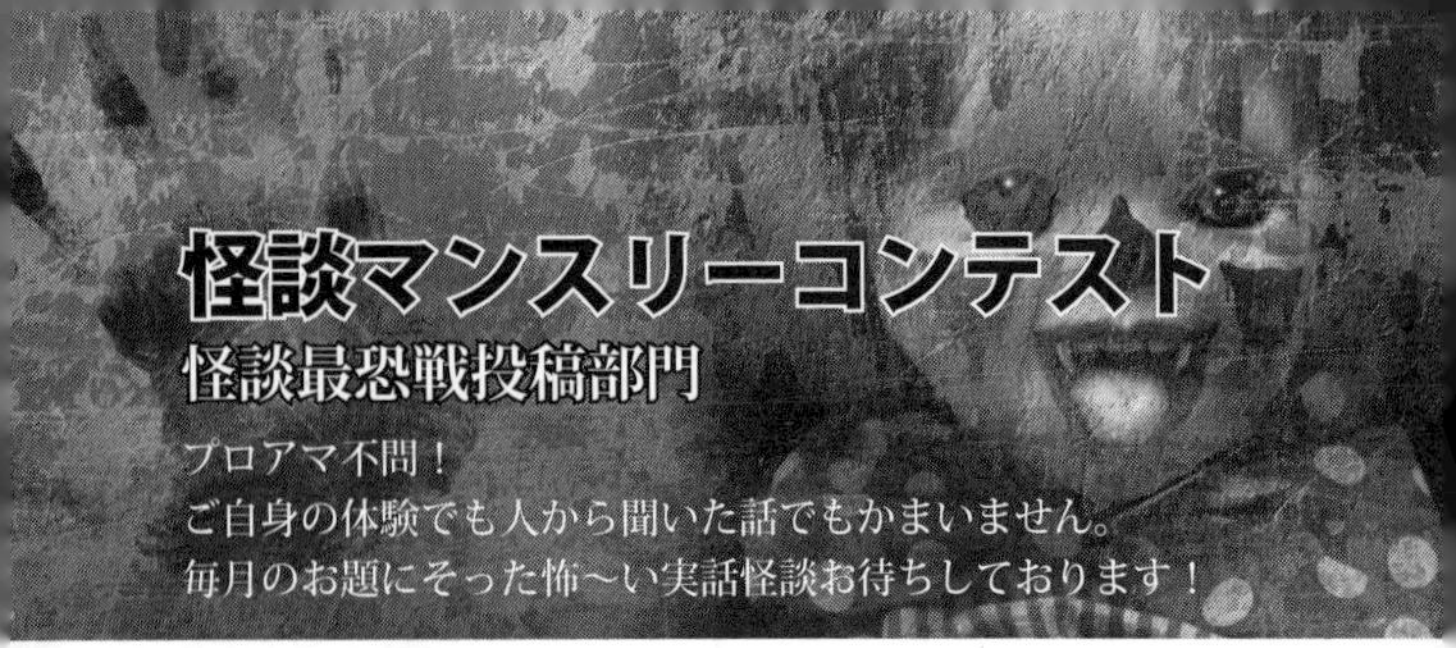

【1月期募集概要】
お題：　帰省に纏わる怖い話

原稿：　1,000字以内の、未発表の実話怪談。
締切：　2020年1月20日24時
結果発表：　2020年1月29日
☆**最恐賞1名：**Amazonギフト3000円を贈呈。
※後日、文庫化のチャンスあり！
佳作3名：ご希望の弊社恐怖文庫1冊、贈呈。
応募方法：　①または②にて受け付けます。
①応募フォーム
フォーム内の項目「メールアドレス」「ペンネーム」「本名」「作品タイトル」を記入の上、「作品本文（1,000字以内）」にて原稿ご応募ください。
応募フォーム→ http://www.takeshobo.co.jp/sp/kyofu_month/
②メール
件名に【怪談最恐戦マンスリーコンテスト1月応募作品】と入力。
本文に、「タイトル」「ペンネーム」「本名」「メールアドレス」を記入の上、原稿を直接貼り付けてご応募ください。
宛先：　kowabana@takeshobo.co.jp
たくさんのご応募お待ちしております！

★竹書房怪談文庫〈怖い話にありがとう〉キャンペーン第1弾！
【期間限定】人気作家が選ぶ最恐怪談99話、無料配信！

竹書房怪談文庫の公式twitterにて、期間中毎日、人気作家自薦の1話をお届けします！
また、気に入った作品をリツイートしてくれたユーザーから抽選で100名様にお好きな怪談文庫をプレゼント。詳しい情報は随時つぶやいてまいりますので、ぜひフォローください！
●**キャンペーン期間：**2019年10月28日～2020年2月3日（全99日間）
●**竹書房怪談文庫公式twitter：**@takeshobokaidan